ÉTICA DA VIDA

Leonardo Boff

ÉTICA DA VIDA
A Nova Centralidade

EDITORA RECORD
RIO DE JANEIRO • SÃO PAULO
2009

CIP-BRASIL. CATALOGAÇÃO-NA-FONTE
SINDICATO NACIONAL DOS EDITORES DE LIVROS, RJ

B661e
Boff, Leonardo, 1938-
Ética da vida : a nova centralidade / Leonardo Boff. - Rio de Janeiro: Record, 2009.

Inclui bibliografia
ISBN 978-85-010-8687-7

1. Ética. 2. Ecologia humana. 3. Ecologia social. 4. Cristianismo - América Latina. I. Título.

09-1465.
CDD: 170
CDU: 17

Copyright © by Animus/Anima Produções Ltda., 2009.
Caixa Postal 92144 – Itaipava, Petrópolis, RJ – Cep 25741-970
Assessoria Jurídica do autor: Cristiano Monteiro de Miranda
(cristianommiranda@terra.com.br)

Capa: Adriana Miranda
Diagramação de miolo: ô de casa

Todos os direitos reservados. Proibida a reprodução, armazenamento ou transmissão de partes deste livro, através de quaisquer meios, sem prévia autorização por escrito.

Direitos exclusivos desta edição reservados pela
EDITORA RECORD LTDA.
Rua Argentina, 171 – Rio de Janeiro, RJ – 20921-380 – Tel.: 2585-2000
Impresso no Brasil

ISBN 978-85-010-8637-7
PEDIDOS PELO REEMBOLSO POSTAL
Caixa Postal 23.052 – Rio de Janeiro, RJ – 20922-970

Impresso no Brasil
2009

SUMÁRIO

Introdução 7

PARTE 1
DESAFIOS ÉTICO-SOCIAIS DA ECOLOGIA

1. Para onde vai a ecologia? 11
2. Ecologia social em face da pobreza e da exclusão 21
3. Desafios éticos e ecológicos do mercado mundial 43

PARTE 2
NOVA COSMOLOGIA, DEUS E ÉTICA DA VIDA

4. A vida como centralidade ética e ecológica 63
5. Nova cosmologia, Deus e espiritualidade 81

PARTE 3
O FUTURO DO CRISTIANISMO

6. O futuro do cristianismo no Brasil: fonte ou espelho? 105
7. O futuro do cristianismo na América Latina: a nova Roma tropical? 115
8. A missão do cristianismo no processo de globalização 135

PARTE 4
A MORTE COMO INVENÇÃO DA VIDA

9. Morte e ressurreição na nova antropologia 149

Conclusão 165
Bibliografia 167
Outras obras do autor 173

INTRODUÇÃO

Questões de ecologia, ética e espiritualidade são recorrentes nos debates dos últimos tempos. Todas elas refletem a crise de civilização pela qual estamos passando. Todas elas também visam a oferecer elementos para um novo paradigma civilizatório que está emergindo e que pode dar sentido à nova fase da humanidade, a fase planetária.

Apresentamos aqui uma série de textos nascidos de debates e de fóruns realizados no Brasil e no exterior. Um fio condutor lhes confere unidade: a esperança de que não vamos de encontro a um desastre, mas ao encontro de um novo renascimento. As crises são purificadoras e o caos momentâneo prepara a irrupção de uma ordem mais alta e integradora.

Todos os saberes, instituições e caminhos espirituais são convocados a oferecer sua contribuição e a produzir luz. Também o cristianismo. Em razão disso, abordamos aqui os temas tratados de forma interdisciplinar e a mais aberta possível.

Preocupa-nos de forma singular a espiritualidade. É no interior dela que trazemos de volta aquele elo esquecido ou perdido que liga e re-liga todas as coisas a um Centro de sentido e de irradiação que torna sagrada a vida e leve nossa trajetória por este mundo conturbado.

Se estes textos ajudarem o leitor a mudar seu estado de consciência para que se afine com mais sutileza ao novo que virá, terão cumprido sua modesta missão.

Importa sempre esperar, porque se não esperarmos, dizia um sábio antigo, não captaremos o inesperado quando ele passar.

PARTE 1

DESAFIOS ÉTICO-SOCIAIS DA ECOLOGIA

1. Para onde vai a ecologia?

Tendências da discussão ecológica atual

Ernst Haeckel, biólogo alemão (1834-1919), criou em 1866 a palavra ecologia e definiu-lhe o significado: o estudo do inter-retrorrelacionamento de todos os sistemas vivos e não vivos entre si com seu meio ambiente, entendido como uma casa, donde deriva a palavra ecologia (*oikos*, em grego = casa). De um discurso regional como subcapítulo da biologia, passou a ser atualmente um discurso universal, quiçá o de maior força mobilizadora do futuro milênio. Na abundância de propostas, queremos apresentar, como numa leitura de cegos, as tendências mais relevantes da discussão atual.

Ela se dá em quatro formas de realização da ecologia: *a ecologia ambiental, a ecologia social, a ecologia mental* e *a ecologia integral.*

Ecologia ambiental

Essa primeira vertente preocupa-se com o meio ambiente, para que não sofra excessiva desfiguração, visando à qualidade de vida, à preservação das espécies em extinção e à permanente renovação do equilíbrio dinâmico, urdido em milhões e milhões de anos de evolução. Ela vê, entretanto, a natureza fora do ser humano e da sociedade. Procura tecnologias novas, menos poluentes, privilegiando soluções técnicas. É importante essa postura, porque busca corrigir excessos da voracidade do projeto industrialista mundial, que implica sempre custos ecológicos altos.

Se não cuidarmos do planeta como um todo, podemos submetê-lo a graves riscos de destruição de partes da biosfera e, no seu termo, inviabilizar a própria vida no planeta. Basta que se utilizem as armas nucleares, químicas e biológicas dos arsenais existentes e se continue irresponsavelmente poluindo as águas, envenenando os solos, contaminando a atmosfera e agravando as injustiças sociais entre o Norte e o Sul para se provocar um quadro apocalíptico.

Ecologia social

A segunda – a *ecologia social* – não quer apenas o meio ambiente. Quer o ambiente inteiro. Insere o ser humano e a sociedade dentro da natureza como partes diferenciadas dela. Preocupa-se não apenas com o embelezamento da cidade, com melhores avenidas, com praças ou praias mais atrativas, mas também prioriza saneamento básico, uma boa rede escolar e um serviço de saúde decente. A injustiça social significa violência contra o ser mais complexo e singular da criação, que é o ser humano, homem e mulher. Ele é parte e parcela da natureza.

Segundo essa compreensão, a injustiça social se mostra, portanto, como injustiça ecológica contra o todo natural-cultural humano. A ecologia social luta por um desenvolvimento sustentável. É aquele que atende às carências básicas dos seres humanos de hoje sem sacrificar o capital natural da Terra, tomando em consideração também as necessidades das gerações de amanhã, pois elas têm direito à sua satisfação e a herdar uma Terra habitável, com relações humanas minimamente decentes.

Mas o tipo de sociedade construída nos últimos 400 anos impede de realizar um desenvolvimento sustentável. Ela é "energívora", montou um modelo de desenvolvimento que pratica sistematicamente a pilhagem dos recursos da Terra e explora a força de trabalho. As forças produtivas e as relações de produção são vistas atualmente como forças destrutivas e relações de produção de desequilíbrios ecológicos desproporcionais. Nos quadros atuais, o desenvolvimento sustentável permanece um desiderato e representa uma negação do atual modelo social de produção.

No imaginário dos fundadores da sociedade moderna, o desenvolvimento movia-se dentro de dois infinitos: o infinito dos recursos naturais e o infinito do desenvolvimento rumo ao futuro. Essa pressuposição se revelou ilusória. Os recursos não são infinitos. A maioria está se exaurindo, principalmente a água potável e os combustíveis fósseis. E o tipo de desenvolvimento linear e crescente rumo ao futuro não é universalizável. Portanto, não é infinito. Se as famílias chinesas quisessem ter o nível de consumo perdulário norte-americano, isso implicaria a exclusão e a morte de milhões e milhões de pessoas.

Precisamos, pois, de mais do que um desenvolvimento sustentável, que encontre para si o desenvolvimento viável para as necessidades de todos. O bem-estar não pode ser apenas social, mas tem de ser também sociocósmico. Ele tem de atender aos demais seres da natureza, como as águas, as plantas, os animais, os micro-organismos, pois todos juntos constituem a comunidade planetária em que estamos inseridos, e, sem eles, nós mesmos não viveríamos.

Ecologia mental

A terceira — a *ecologia mental* —, chamada também de *ecologia profunda*, sustenta que as causas do déficit da Terra não se encontram apenas no tipo de sociedade que atualmente temos, mas também no tipo de mentalidade que vigora, cujas raízes remontam a épocas anteriores à nossa história moderna, incluindo a profundidade da vida psíquica humana consciente e inconsciente, pessoal e arquetípica.

Há em nós instintos de violência, vontade de dominação, arquétipos sombrios que nos afastam da benevolência em relação à vida e à natureza. Aí dentro da mente humana se iniciam os mecanismos que nos levam a uma guerra contra a Terra. Eles se expressam por uma categoria: o antropocentrismo.

O antropocentrismo considera o ser humano rei/rainha do universo. Considera que os demais seres só têm sentido quando ordenados ao ser humano; eles estão aí disponíveis ao seu bel-prazer. Essa compreensão quebra com a lei mais universal: a solidariedade cósmica. Todos os seres são interdependentes e vivem dentro de uma teia intrincadíssima de relações. Todos são importantes.

Não existe isso de alguém ser rei/rainha e considerar-se independente, sem precisar dos demais. A moderna cosmologia nos ensina que tudo tem a ver com tudo em todos os momentos e em todas as circunstâncias. O ser humano esquece essa intrincada rede de relações. Afasta-se dela e põe-se sobre as coisas, em vez de sentir-se junto e com elas, numa imensa comunidade planetária e cósmica.

Eis algumas tarefas importantes a que se propõe a ecologia mental: trabalhar numa política da sinergia e numa pedagogia da benevolência, a vigorar em todas as relações sociais, comunitárias e pessoais; favorecer a recuperação do respeito para com todos os seres, especialmente os vivos, pois são muito mais velhos do que nós; e, por fim, propiciar uma visão não materialista e espiritual da natureza que propicie o re-encantamento em face da sua complexidade e a veneração diante do mistério do universo.

Isso somente se consegue se antes for resgatada a dimensão da *anima*, do feminino no homem e na mulher. Pelo feminino o ser humano se abre ao cuidado, se sensibiliza pela profundidade misteriosa da vida e recupera sua capacidade de maravilhamento. O feminino ajuda a resgatar a dimensão do sagrado. O sagrado impõe sempre limites à manipulação do mundo, pois ele dá origem à veneração e ao respeito, fundamentais para a salvaguarda da Terra. Cria a capacidade de re-ligar todas as coisas à sua Fonte criadora e ordenadora. Dessa capacidade re-ligadora nascem todas as religiões. Importa hoje ver revitalizadas as religiões, para que cumpram sua função re-ligadora e encontrem expressões religiosas adequadas à nova experiência ecológica, que é ecumênica, holística e mística. A crise ecológica, para ser superada, exige um outro perfil de cidadãos, com outra mentalidade, mais sensível, mais cooperativa e mais espiritual. Eis as boas razões de uma ecologia mental.

Ecologia integral

Por fim, a quarta — a *ecologia integral* — parte de uma nova visão da Terra, inaugurada pelos astronautas a partir dos anos 1960, quando se lançaram os primeiros foguetes tripulados. Eles veem a Terra fora da Terra. Lá de sua nave espacial ou da Lua, como testemunharam vários deles, a Terra aparece como um resplandecente planeta azul-branco que cabe na palma da mão e que pode ser escondido detrás do polegar humano. Daquela distância borram-se as diferenças entre ricos e pobres, ocidentais e orientais, neoliberais e socialistas. Todos são igualmente humanos. Mais ainda. Daquela perspectiva, Terra e seres humanos emergem como uma única entidade. O ser humano é a própria Terra enquanto sente, pensa, ama, chora e venera. A Terra emerge, sim, como o terceiro planeta de um Sol que é apenas um entre 100 bilhões de outros de nossa galáxia, que, por sua vez, é uma entre mais de 100 bilhões de outras do universo; universo que, possivelmente, é apenas um entre outros paralelos e diversos do nosso. E nós, seres humanos, evoluímos a tal ponto de podermos estar aqui para falar disso tudo, sentindo-nos ligados e re-ligados a todas essas realidades. E tudo caminhou com tal calibragem que permitiu a nossa existência aqui e agora. Caso contrário, não estaríamos aqui.

Os cosmólogos, vindos da astrofísica, da física quântica, da nova biologia, numa palavra, das ciências da Terra, nos advertem que o inteiro universo se encontra em cosmogênese. Isso significa: ele está ainda em gênese, constituindo-se e nascendo, formando um sistema aberto, sempre capaz de novas aquisições e novas expressões. Portanto, nada está pronto e ninguém acabou de nascer. Por isso, temos de ter paciência com o processo global, uns com os outros e também conosco, pois nós, humanos, estamos igualmente em processo de antropogênese, de constituição e de nascimento.

Três grandes emergências ocorrem na cosmogênese e na antropogênese: a complexidade/diferenciação (1), a auto-organização/consciência (2) e a re-ligação/relação de tudo com tudo (3). A partir de seu primeiro momento após o Big-Bang, a evolução está criando mais e mais seres diferentes e complexos (1). Quanto mais complexos, mais se auto-organizam, mas mostram interioridade e possuem mais e mais níveis de consciência (2), até chegarem à consciência reflexa no ser humano. O universo, pois, como um todo, possui uma profundidade espiritual. Para estar no ser humano, o espírito estava antes no universo. Agora emerge em nós na forma da consciência reflexa e da "amorização". E quanto mais complexo e consciente, mais se relaciona e se re-liga com todas as coisas (3), fazendo com que o universo seja realmente universo, uma totalidade orgânica, dinâmica, diversa, tensa e harmônica – *cosmos* e não *caos*.

As quatro interações existentes – a gravitacional, a eletromagnética e a nuclear fraca e forte – constituem os princípios diretores do universo, de todos os seres, também dos seres humanos. A galáxia mais distante se encontra sob a ação dessas quatro energias primordiais, bem como a formiga que caminha sobre minha mesa e os neurônios do cérebro humano com os quais faço estas reflexões. Tudo se mantém ligado e re-ligado num equilíbrio dinâmico, aberto, passando pelo caos que é sempre generativo, pois propicia um novo equilíbrio mais alto e complexo, desembocando numa outra ordem, rica de novas potencialidades.

Conclusão: uma visão holística e libertadora da ecologia

A ecologia integral procura acostumar o ser humano com essa visão global e holística. O holismo não significa a soma das partes, mas a captação da totalidade orgânica, una e diversa em suas partes, sempre articuladas entre si dentro da totalidade e constituindo essa totalidade.

Essa cosmovisão desperta no ser humano a consciência de sua função dentro dessa imensa totalidade. Ele é um ser que pode captar todas essas dimensões, alegrar-se com elas, louvar e agradecer àquela Inteligência que tudo ordena e àquele Amor que tudo move, sentir-se um ser ético, responsável pela parte do universo que lhe cabe habitar — a Terra.

Ela, a Terra, é, segundo notáveis cientistas, um superorganismo vivo, denominado Gaia, com calibragens refinadíssimas de elementos físico-químicos e auto-organizacionais que somente um ser vivo pode ter. Nós, seres humanos, podemos ser o satã da Terra, como podemos ser seu anjo da guarda bom. Somos corresponsáveis pelo destino de nosso planeta, de nossa biosfera, de nosso equilíbrio social e planetário.

Essa visão exige uma nova civilização e um novo tipo de religião, capaz de re-ligar Deus e mundo, mundo e ser humano, ser humano e espiritualidade do cosmos.

O cristianismo é levado a aprofundar a dimensão cósmica que sempre esteve presente na sua fé. Deus está em tudo e tudo está em Deus (panenteísmo, que não é panteísmo, pelo qual se afirma equivocadamente que tudo é indiferenciadamente Deus). A encarnação do Filho implica assumir a matéria e inserir-se no processo cósmico (o Cristo cósmico de S. Paulo, de Duns Scotus e de Teilhard de Chardin). A manifestação do Espírito Santo se revela como energia universal que faz da criação seu templo e seu lugar privilegiado de ação. Se o universo é uma teia intrincadíssima de relações, onde, como dizíamos acima, tudo tem que ver com tudo em todos os momentos e em todos os lugares, então a forma de nomear o Deus dos cristãos, isto é, como SS. Trindade, constitui o protótipo desse jogo de relações. A Trindade não representa um enigma matemático, mas significa entender o mistério último como comunhão, como uma inter-relação absoluta de três divinas Pessoas que sempre emergem simultaneamente num jogo de entrelaçamento para dentro e para fora, sem fim e eterno.

A partir dessa visão verdadeiramente holística (globalizadora), compreendemos melhor o ambiente e a forma de tratá-lo com respeito (ecologia ambiental). Apreendemos as dimensões da sociedade, que deve possuir sustentabilidade e ser a expressão da "convivialidade" não só dos humanos, mas de todos os seres entre si (ecologia social). Damo-nos conta da necessidade de superarmos o antropocentrismo em favor de um cosmocentrismo e de cultivarmos uma intensa vida espiritual, pois descobrimos a força da natureza dentro de nós e a presença das energias espirituais que estão em nós e que atuam desde o início na constituição do universo (ecologia mental). E, por fim, captamos a importância de tudo integrar, de lançar pontes para todos os lados e de entender o universo, a Terra e cada um de nós como um nó de relações voltado para todas as direções (ecologia integral).

Somente no vaivém dessas relações, e não fora delas, nos sentiremos realizados e interiormente serenados, construindo um desenvolvimento com a natureza e jamais contra ela. Importa fazermos as pazes e não apenas dar uma trégua à Terra. Cumpre refazermos uma aliança de fraternidade/"sororidade" e de respeito para com ela. E sentirmo-nos imbuídos do Espírito que tudo penetra e daquele Amor que, no dizer de Dante, move o céu, todas as estrelas e também nossos corações.

Não cabe opormos as várias correntes da ecologia, mas discernirmos como se complementam e em que medida nos ajudam a sermos um ser de relações, produtores de padrões de comportamentos que tenham como consequência a preservação e a potenciação do patrimônio formado ao longo de 15 bilhões de anos. Custosamente ele chegou até nós, e é nosso dever passá-lo adiante, enriquecido, dentro de um espírito sinergético e afinado com a grande sinfonia universal.

2. Ecologia social em face da pobreza e da exclusão

Hoje se fala das muitas crises sob as quais padecemos: crise econômica, energética, social, educacional, moral, ecológica e espiritual. Se olharmos bem, verificaremos que, na verdade, em todas elas se encontra a crise fundamental: a crise do tipo de civilização que criamos a partir dos últimos 400 anos. Essa crise é global porque esse tipo de civilização se difundiu ou foi imposto praticamente ao globo inteiro.

Qual é o primeiro sinal visível que caracteriza esse tipo de civilização? É que ela produz sempre pobreza e miséria de um lado e riqueza e acumulação do outro. Esse fenômeno se nota em nível mundial. Há poucos países ricos e muitos países pobres. Nota-se principalmente no âmbito das nações: poucos estratos beneficiados com grande abundância de bens de vida (comida, meios de saúde, de moradia, de formação, de lazer) e grandes maiorias carentes do que é essencial e decente para a vida. Mesmo nos países chamados industrializados do hemisfério norte notamos bolsões de pobreza (*terceiromundialização* no Primeiro Mundo) como existem também setores opulentos no Terceiro

Mundo (uma *primeiromundialização* do Terceiro Mundo), no meio da miséria generalizada.

As críticas a seguir visam a denunciar as causas dessa situação.

Críticas ao modelo de sociedade atual e à ecologia

Há três linhas de crítica ao modelo de civilização e de sociedade atual, como foi sobejamente apontado por notáveis analistas.

A primeira é feita pelos movimentos de libertação dos oprimidos. Ela diz: o núcleo desta sociedade não está construído sobre a vida, o bem comum, a participação e a solidariedade entre os humanos. O seu eixo estruturador está na economia de corte capitalista. Ela é um conjunto de poderes e instrumentos de criação de riqueza – e aqui vem a sua característica básica – mediante a depredação da natureza e a exploração dos seres humanos. A economia é a economia do crescimento ilimitado, no tempo mais rápido possível, com o mínimo de investimento e a máxima rentabilidade. Quem conseguir se manter nessa dinâmica e obedecer a essa lógica acumulará e será rico, mesmo à custa de um permanente processo de exploração.

Portanto, a economia orienta-se por um ideal de desenvolvimento material que melhor chamaríamos, simplesmente, de crescimento, que se põe entre dois infinitos, como acenamos no capítulo anterior: o dos recursos naturais pressupostamente ilimitados e o do futuro indefinidamente aberto para a frente.

Para esse tipo de economia do crescimento, a natureza é degradada à condição de um simples conjunto de *recursos naturais*, ou *matéria-prima*, disponível aos interesses humanos particulares. Os trabalhadores são considerados *recursos humanos* ou, pior ainda, *material humano*, em função de uma meta de produção. Como se depreende, a visão é instrumental e mecanicista: pessoas, animais, plantas, minerais, enfim, todos os seres perdem o seu valor intrínseco e sua autonomia relativa. São reduzidos a meros meios para um fim fixado subjetivamente pelo ser humano, que se considera o centro e o rei do universo.

Qual a crítica principal que se faz a esse modelo social? É constatar que ele não consegue criar riqueza sem ao mesmo tempo gerar pobreza; é incapaz de gestar desenvolvimento econômico sem simultaneamente produzir exploração social nacional e internacional. E ainda não é democrático, porque monta um sistema político de controle e de domínio do processo produtivo por parte dos detentores do poder econômico. A democracia para na porta da fábrica. Ou cria democracias reduzidas (as nossas democracias liberais representativas) ou *democraturas* (democracias sob a tutela militar). Mas nunca se instaura uma democracia que sirva como valor universal, que respeite os conteúdos da palavra democracia, quer dizer, a forma de organização social assentada sobre o povo organizado, forma que se articula ao redor do bem-estar da maioria mediante a participação, criando assim mais e mais níveis de igualdade, de solidariedade e de respeito para com as diferenças. Dessa crítica nasceram os movimentos dos oprimidos por sua libertação, que vão desde a luta dos sem-terra e dos sem-teto até os sindicatos autonomamente organizados e combativos. Destarte, nasceu uma cultura da cidadania, da democracia, da participação, da solidariedade e da libertação, a primeira síntese teológica nascida no Terceiro Mundo (América Latina), com repercussões em todas as igrejas e nos centros metropolitanos de pensamento.

Postula-se um desenvolvimento que atenda às demandas de todos e não apenas às dos mais fortes, uma economia do suficiente para todos.

A segunda linha crítica vem dos grupos pacifistas e da não violência ativa. Esses grupos notam que o tipo de sociedade de desenvolvimento desigual produz muita violência. Violência social e injustiça societária, por causa da própria desigualdade; violência em nível nacional e internacional. Essa violência é consequência direta da dominação de países que detêm poder tecnocientífico sobre os outros mais atrasados. O conflito generalizado tem mil rostos, dos quais os mais conhecidos são os conflitos de classe, de etnias, de gênero e de religião. O modelo vigente de sociedade não favorece a solidariedade, mas a concorrência; não o diálogo e o consenso, mas a disputa e a luta de todos contra todos. Por isso, as potencialidades humanas de sensibilidade pelo outro, de enternecimento pela vida, de colaboração desinteressada são secundarizadas para dar lugar aos sentimentos menores da exclusão e da vantagem pessoal ou classista. Para manter a coesão mínima de uma sociedade desestabilizada internamente são necessários corpos militares para controle e repressão. Na esfera mundial criam-se corpos militares de antiinsurgência para atuarem em todo o sistema mundial, apoiados pelo complexo militar-industrial que incentiva a corrida armamentista e a militarização de toda a existência. Dados recentes apontavam que 2/3 da *intelligentzia* mundial trabalham em projetos militares. Mesmo depois do fim da guerra fria, aplicam-se na indústria da morte cerca de 1-3 trilhões de dólares ao ano. Apenas 130 bilhões de dólares destinam-se à preservação do planeta Terra e de seus ecossistemas.

Contra essa tendência surgiram pelo mundo afora movimentos pela paz e pela não violência ativa. Postula-se um modelo social que chegue à justiça mediante a democracia social. A violência militar e a guerra atômica, química e bacteriológica constituem formas específicas de agressão global, capazes de produzir o ecocídio, o biocídio e o geocídio de vastas regiões do planeta.

O terceiro grupo de crítica nos interessa diretamente: são os movimentos ecológicos. Eles constatam que os tipos de sociedade e de desenvolvimento existentes não conseguem produzir riqueza sem simultaneamente produzir degradação ambiental. O que o sistema industrialista produz em demasia: lixo, rejeitos tóxicos, escórias radioativas, contaminação atmosférica, chuvas ácidas, diminuição da camada de ozônio, envenenamento da terra, das águas e do ar; numa palavra, deterioração da qualidade geral de vida. A fome da população, as doenças, a falta de habitação, de educação e lazer, a ruptura dos laços familiares e sociais são agressões ecológicas contra o ser mais complexo da CRIAÇÃO, o ser humano, especialmente o mais indefeso, que é o pobre, o excluído.

Essas preocupações estão originando uma cultura ecológica, quer dizer, a consciência coletiva da responsabilidade pela sobrevivência do planeta em sua imensa biodiversidade e pelo futuro da espécie *homo*.

Importa hoje articular todas essas frentes críticas ao sistema imperante, visando ao surgimento de um paradigma novo de civilização e de sociedade, no qual todos possam caber e onde imperem relações mais benevolentes para com o meio ambiente.

Somos parte de um imenso equilíbrio/desequilíbrio ecossocial

Queremos agora aprofundar a terceira corrente, a ecológica, na sua dimensão social. O grande desafio vem da pobreza e da miséria. Esses são os principais problemas ecológicos da humanidade, e não o mico-leão-dourado, o urso panda da China e as baleias dos oceanos.

Digamos, logo de saída: pobreza e miséria são questões sociais, e não naturais e fatais. Elas são produzidas pela forma como se organiza a sociedade. Hoje temos consciência de que o social é parte do ecológico, no seu sentido amplo e verdadeiro. Ecologia tem a ver com as relações de tudo com tudo, em todas as dimensões. Tudo está interligado. Não há compartimentos fechados, o ambiental de um lado e o social de outro. A ecologia social pretende estudar as conexões que as sociedades estabelecem entre seus membros e as instituições e as de todos eles para com a natureza envolvente.

Antes de qualquer coisa, cumpre enfatizar:

- Não basta, em ecologia, o conservacionismo (conservar as espécies em extinção), como se a ecologia se restringisse somente a um setor da natureza, aquele biótico ameaçado. Hoje todo o planeta deve ser conservado, porque todo ele está ameaçado.
- Não basta o preservacionismo (preservar, mediante reservas ou parques naturais, regiões onde se conserva o equilíbrio ambiental). Isso propicia principalmente o turismo ecológico e induz a um comportamento reducionista: somente nessas unidades de conservação o ser humano mantém um comportamento de respeito e de veneração; em outros lugares, segue a lógica da devastação.
- Não basta o ambientalismo, como se a ecologia tivesse apenas relação com o ambiente natural, com o verde, com as espécies e com o ar. Essa perspectiva pode ser reducionista e até anti-humanista, na pressuposição falsa de que o ambiente é sempre melhor sem a presença do ser humano. Este seria antes o satã da Terra do que o anjo bom e protetor. Diz-se: onde o ser humano anuncia sua presença, revela agressão e apropriação egoística dos bens da Terra. Essa

visão ambientalista é encontradiça em muitos ecólogos no hemisfério norte. Depois de haverem dominado política e economicamente o mundo, querem-no já purificado somente para eles.

A realidade é que o ser humano faz parte do meio ambiente. Ele é um ser da natureza, com capacidade de modificar a si mesmo e a ela, e assim fazer cultura. Pode intervir na natureza potenciando-a, bem como agredindo-a.

Devemos estar atentos a certo ambientalismo político que esconde por trás de seus projetos uma atitude de permanente violação ecológica. Esse ambientalismo político quer uma harmonia entre sociedade e ambiente, mas não renuncia à atitude de saque do ambiente natural, desde que não afete o hábitat humano. Perdura a visão antropocêntrica segundo a qual o ser humano pode e deve dominar a natureza; então, mais que uma harmonia permanente, quer-se, na verdade, uma simples trégua, necessária para a natureza refazer-se das chagas e continuar em seguida a ser devastada. O que importa, hoje, é ultrapassar o paradigma da modernidade, expresso na vontade de poder sobre a natureza e os outros, e inaugurar uma nova aliança do ser humano com a natureza, aliança que os faz a ambos aliados no equilíbrio, na conservação, no desenvolvimento e na garantia de um destino e futuro comuns.

- Não basta a ecologia humana que se ocupa com as ações e reações do ser humano universal, relacionado com o meio ambiente. Ela é importante porque trabalha as categorias mentais (ecologia mental) que fazem que o ser humano singular seja mais ou menos benevolente ou mais ou menos agressivo. Mas é ainda uma visão idealista, pois o ser humano histórico não vive no geral, mas nas malhas de relações sociais determinadas. As próprias predisposições mentais e psíquicas possuem uma característica eminentemente social. Por isso precisamos de uma adequada ecologia social que saiba articular a justiça social com a justiça ecológica. É dentro da ecologia social que os temas da pobreza e da miséria devem ser discutidos. Pobreza e miséria são questões ecossociais que devem encontrar uma solução ecossocial.

O que é a ecologia social

Há hoje reflexões maduras sobre a ecologia social, a começar pela contribuição da enciclopédia francesa de ecologia de Charboneau Rhodes e das obras de antropologia social de Edgar Morin. Importante é o aporte canadense de M. Bookchin e do norueguês A. Naess. Mas esse campo ganhou força singular na América Latina, particularmente depois da primeira conferência internacional sobre o meio ambiente, organizada pelas Nações Unidas em 1972, em Estocolmo. Aí se confrontaram as duas visões básicas, a dos países do Norte, preferencialmente ambientalista, e a dos países do Sul, preferencialmente político-social. Surgiu, então, uma vertente forte, latino-americana, de ecologia social, no Peru, com Carlos Herz e Eduardo Contreras; e no Uruguai, com Eduardo Gudynas, um de seus melhores formuladores teóricos. Este último define assim a ecologia social: "é o estudo dos sistemas humanos em interação com seus sistemas ambientais" (*Ecología social: la ruta latinoamericana*, CIPFE, 1990). Os sistemas humanos abarcam os seres humanos individuais, as sociedades e os sistemas sociais. Os sistemas ambientais comportam componentes naturais (selvas, desertos, cerrados), civilizacionais (cidades, fábricas) e humanos (homens, mulheres, crianças, etnias, classes etc.).

As principais questões da ecologia social

Segundo aqueles autores, os postulados básicos da ecologia social são os seguintes:

1. o ser humano sempre interage intensamente com o ambiente. Nem o ser humano nem o ambiente podem ser estudados separadamente. Há aspectos que somente se compreendem a partir dessa interação mútua, particularmente as florestas secundárias, toda a gama de sementes (milho, trigo, arroz etc.) e de frutas, que são resultado de milhares de anos de trabalho sobre sua constituição genética;
2. essa interação é dinâmica e se realiza no tempo. A história dos seres humanos é inseparável da história de seu ambiente e de como eles interagem;
3. cada sistema humano cria seu ambiente adequado. São diferentes e possuem simbolizações singulares, por exemplo, os ambientes habitados pelos ianomâmis, pelos seringueiros ou pelos latifundiários, pelos europeus ou pelos chineses;
4. a ecologia social se interessa por questões como: por meio de que instrumentos os seres humanos agem sobre a natureza? Com tecnologia intensiva, com agrotóxicos ou com adubos orgânicos? De que forma os seres humanos apropriam-se dos recursos naturais? De forma solidária, participativa, ou elitista, com tecnologias não socializadas? Como são eles distribuídos? De forma equitativa, consoante o trabalho de cada um, atendendo às necessidades básicas de todos; ou de forma elitista e excludente? Uma distribuição desigual afeta de que maneira os grupos humanos? Que tipo de discurso usa o poder

para justificar a concentração da riqueza em poucas mãos, para legitimar uma relação de desigualdade que tende à dominação? Como reagem os movimentos sociais no confronto com o Estado e com o capital, para melhorar os salários, as formas de participação e a qualidade de vida no trabalho, na cidade e no campo?

Pertencem à discussão da ecologia social a miséria e a pobreza das populações periféricas, a concentração de terras no campo e na cidade, as técnicas agrícolas e agropecuárias, o crescimento populacional e o processo de inchamento das cidades, o comércio internacional de alimentos e o controle de patentes, a produção de alimentos transgênicos, o surgimento do buraco de ozônio, o efeito estufa, a dizimação das florestas tropicais e boreais, o envenenamento das águas, dos solos, da atmosfera etc.

Uma ecoecologia integral

Para uma perspectiva integral, a sociedade e a cultura pertencem também ao complexo ecológico. Ecologia, já o assinalamos, é a relação que todos os seres, vivos e inertes, naturais e culturais, têm entre si e com o seu meio ambiente. Nessa perspectiva, também as questões econômicas, políticas, sociais, educacionais, urbanísticas e agrícolas entram, no campo de consideração da ecologia, como ecologia social. A questão de base em ecologia é sempre esta: em que medida essa ou aquela ciência, atividade social, prática institucional ou pessoal ajudam a manter ou a quebrar o equilíbrio de todas as coisas entre si, a preservar ou a destruir as condições de evolução/desenvolvimento dos seres? Nós somos parte, com tudo o que somos por natureza e fazemos por cultura, de um imenso equilíbrio, do ecossistema.

Diz um dos bons ecólogos sociais na América Latina, Ingemar Hedström, um sueco que vive há anos na Costa Rica:

> A ecologia chegou a ser uma crítica e até uma denúncia do funcionamento das sociedades modernas. Entre as coisas que se têm denunciado, temos a superexploração do hemisfério sul, quer dizer, do chamado Terceiro Mundo, por parte dos países comparativamente ricos do Norte, do chamado Primeiro Mundo. Nesse sentido, tomar consciência da problemática ecológica global deve implicar adquirir consciência da situação socioeconômica, política e cultural de nossas sociedades, o que significa conhecer a situação de exploração dos países do Sul pelos industrializados do Norte (*Somos parte de un gran equilibrio*, Costa Rica, DEI, 1985, 12).

O atual sistema social, antiecológico e gerador de miséria

Dentro dos parâmetros da ecologia social, devemos denunciar que o sistema social dentro do qual vivemos — a ordem do capital, hoje mundialmente integrado — é profundamente antiecológico.

Em todas as fases de sua realização histórica baseou-se e baseia-se ainda na exploração das pessoas e da natureza. No afã de produzir desenvolvimento material ilimitado, ele cria desigualdades entre o capital e o trabalho e entre quem está no mercado e quem não está. Disso deriva a deterioração da qualidade de vida em suas várias dimensões: material, psíquica, social, cultural e espiritual.

Na América Latina, ele foi implantado a partir da conquista europeia no século XVI, com a virulência do genocídio, impondo aos que aqui viviam uma forma de trabalhar e de se relacionar com a natureza que implicava o ecocídio, vale dizer, a devastação de nossos ecossistemas. Nós fomos incorporados a uma totalidade maior, a economia capitalista, prejudicial aos mais fracos e periféricos. Nosso sistema capitalista é de economia de exportação dependente.

Implantou-se aqui a apropriação privada da terra, de suas riquezas e das águas, que são fonte de recursos. Essa apropriação operou-se de forma profundamente desigual e irracional. Uma minoria possui as melhores terras, muitas vezes não cultivadas. As terras mais pobres foram deixadas para as maiorias, que, para sobreviver, se veem forçadas a superexplorá-las e a esgotar o solo, terminando por desflorestar as matas, quebrando o equilíbrio natural. Os negros, antes escravizados, com a libertação jurídica não foram compensados em nada. Da casa-grande foram jogados diretamente para as favelas. Tiveram de ocupar os morros, desmatar, abrir valas para o saneamento ao ar livre e assim viver sob a ameaça de muitas doenças, de desabamentos e de mortes. Todas essas manifestações significam outras agressões ao meio, provocadas socialmente.

Mais e mais fica claro que a dívida externa tem fundamentalmente um significado político. Economicamente, os bancos já se asseguraram e se protegeram contra o não pagamento dela. Mesmo assim, é mantida como instrumento de controle e aumento da dependência a partir dos centros de poder situados nos países do Norte. Pela dívida, o sistema continua se impondo a todos, elaborando políticas globais que favorecem seus interesses estratégicos; estimula um desenvolvimento que privilegia os megaprojetos e as monoculturas (soja, no Brasil; gado, na América Central; frutas, no Chile); fornece créditos para implementar tais projetos, com financiamentos do Banco Mundial, do BID e do FMI. Com isso, cria-se o endividamento. O pagamento dos juros da dívida se faz pela exportação de matérias-primas e manufaturados, cujos preços são aviltados no mercado mundial, o que não permite honrar toda a dívida; então, reduzem-se os investimentos sociais para, com a sobra, compensar parte da dívida. Essa estratégia produz verdadeira devastação social em termos das políticas públicas concernentes à alimentação, à saúde, à criação de empregos, à organização das cidades. Junto com essa taxa de perversidade social caminha o déficit ambiental, pois os pobres ocupam áreas perigosas nas cidades, lançam-se na fronteira agrícola, destruindo, no esforço de sobreviver, florestas, fazendo queimadas, poluindo os rios pelos garimpos ou por pesca e caça predatórias. Por causa da insolvência dos países devedores, fazem-se novos empréstimos para pagar os juros, com novos juros aumentados como condição para financiamento de novos projetos. E assim recomeça a ciranda da dependência, do neocolonialismo e da dominação.

Cancelar a dívida ou transformá-la em investimento seria importante, mas não resolveria, pela raiz, a questão fundamental. Enquanto permanecer o modelo de desenvolvimento imperante, saqueador dos homens e da natureza, voltado para fora, produzindo o que os ricos querem que produzamos para eles consumirem, e não atendendo ao mercado interno, o círculo vicioso retornará com as mesmas consequências perversas.

O economista americano Kennet E. Baoulding chama a economia capitalista de economia de cowboy: baseia-se na abundância aparentemente ilimitada de recursos e de espaços livres para invadir e se estabelecer. É o antropocentrismo desbragado. A outra economia, para a qual devemos caminhar, chama de *economia da nave espacial Terra*. Nessa nave, como em qualquer avião, a sobrevivência dos passageiros depende do equilíbrio entre a capacidade de carga do aparelho e as necessidades dos passageiros. Disso resulta que o ser humano deve acostumar-se à solidariedade, como virtude fundamental, encontrar o seu lugar no sistema ecológico equilibrado, no sentido de poder produzir e reproduzir a sua vida e a vida dos demais seres vivos e ajudar a preservar o equilíbrio natural. A Terra, portanto, é um sistema limitado, equilibrado, e não permite nenhum tipo de aventura antiecológica.

Das reflexões feitas até aqui emergem claramente a inter-relação entre sociedade e meio ambiente e a forma como uma influencia positiva ou negativamente o outro.

A proposta de Chico Mendes tornou-se paradigmática. Propunha o desenvolvimento extrativista, que combina o social com o ambiental. Ele compreendeu que os povos da floresta (questão social) precisam da floresta para sobreviver (questão ambiental). Ele se deu conta também dos dois tipos de violência, a violência ecológica contra o meio ambiente e a violência social, violência contra os indígenas e seringueiros. Ambas obedecem à mesma lógica, a lógica de acumulação mediante a dominação de pessoas e a exploração das coisas.

Como se fará, então, o desenvolvimento e se montará a sociedade dos povos da floresta, de modo a que rompam com essa lógica? Em primeiro lugar há de se respeitar, apoiar e reforçar todo o conhecimento que aqueles povos da floresta (indígenas e seringueiros) desenvolveram em milênios de história, seu conhecimento da natureza, das árvores, das ervas, do solo, dos ventos, dos ruídos da selva. E, ao mesmo tempo, incorporar tecnologias novas que tragam mais benefícios sociais sem sacrificar o equilíbrio natural e social.

Injustiça social e injustiça ecológica

É nesse contexto que emerge a exigência de uma ética que não apenas se restrinja ao comportamento dos seres humanos entre si, mas se estenda à sua relação para com o meio ambiente (ar, terra, água, animais, florestas, processos produtivos etc.).

Devemos, antes de tudo, ultrapassar a compreensão da ética ambiental recorrente nos países ricos do Norte. Segundo essa ética, devemos superar nosso antropocentrismo, limitar a violência contra a natureza presente no paradigma de desenvolvimento ilimitado, acolher a alteridade dos demais seres da criação e desenvolver reverência em face da totalidade da natureza. Dessa ética emergem, certamente, uma nova benevolência e até o resgate de um encantamento perdido pelo processo de tecnicização e secularização. Há valores inestimáveis nessa ética ambiental.

Mas ela omite em sua reflexão um elo fundamental: o contexto social, com suas contradições. Não há apenas o meio ambiente. Nele estão os seres humanos socializados na forma de morar, de trabalhar, de distribuir os bens, de agir e reagir diante desse meio ambiente. Nesse contexto social há violências, há os condenados a viver sob péssima qualidade de vida, com ar poluído, com águas empestadas, morando sobre solos envenenados. Há aqui uma nova agressão.

A ética não pode ser apenas ambiental, mas socioambiental, pois, como vimos, o ambiente vem marcado pelo social e o social pelo ambiental.

Discernimos, pois, três tipos de injustiça: a injustiça contra os trabalhadores, contra os cidadãos e contra as classes subalternas. Essa injustiça atinge diretamente as pessoas e as instituições sociais. Existe também a injustiça ambiental, que é a violência contra o meio ambiente, contra o ar, contra a camada de ozônio, contra as águas. Essas injustiças afetam diretamente, mas de forma perversa, a vida humana, produzindo doenças, desnutrição e morte não somente para a bioesfera como também de forma mais global para todo o planeta. Impõe-se, portanto, uma justiça social que se *harmonize* com a justiça ambiental.

Essa nova ética socioambiental deve manter-se equidistante de duas crispações que sempre quebram o equilíbrio ecológico: o naturismo e o antropocentrismo. Pelo naturismo, concebe-se a natureza como um sujeito hipostasiado, em si, com suas leis imutáveis, intocáveis e sagradas; os seres humanos devem se submeter a elas. O antropocentrismo diz o inverso: o ser humano é senhor e rei da Criação, pode interferir a seu bel-prazer e não deve sentir-se ligado e limitado por nada da natureza.

Essas visões são equivocadas, porque separam o que deve vir junto. Natureza e ser humano são sempre interdependentes, um está dentro do outro, são partes de um todo maior. Existe o ecossistema planetário; dentro dele, como um dos seres singulares, está o ser humano, homem/mulher, está a sociedade como conjunto de relações entre esses seres, com suas instituições e estruturas de produção, distribuição e significação.

Como parte e parcela do meio ambiente, o ser humano possui a sua singularidade. É da espécie dos seres vivos que se apresenta como sujeito moral. Quer dizer, um ser vivo complexíssimo, capaz de agir livremente, de sopesar argumentos a favor e contra, de tomar posição, movido não apenas por interesses mas também por solidariedade, por compaixão e amor. Pode, eventualmente, pensar e agir a partir dos interesses do outro. Pode, ainda, por solidariedade e amizade, sacrificar vantagens pessoais. Pode interferir nos ritmos da natureza, respeitando-os ou modificando-os. Tudo isso o torna um ser responsável. É a responsabilidade que o faz um ser ético. Pode sentir-se o anjo bom da natureza, seu guardião, o herdeiro responsável diante do Criador; como pode comportar-se como o satã da Terra, destruir, quebrar equilíbrios e devastar espécies de seres vivos e até mesmo os seus semelhantes.

No processo histórico-cultural, o ser humano sempre interferiu no meio ambiente. Aplicou violências, bem como aplicou seu engenho para melhorar, em seu benefício, certas espécies (o tomate, a batatinha, o milho etc.). Os incômodos ecológicos eram de pouca monta, à exceção, talvez, dos maias, que devastaram a natureza a ponto de se autodestruírem como cultura. Mas nos últimos quatro séculos, com a montagem da máquina industrialista, a agressão se fez maciça e sistemática, transformando tudo em recurso para a acumulação e o benefício, primeiro dos setores que detinham privadamente esses meios e, em seguida, dos demais.

O resultado atual é desolador. O ser humano elaborou uma relação injusta e humilhante para com a natureza. A Terra não aguenta mais a máquina de morte ou a voracidade capitalista. Impõe-se, urgentemente, uma justiça ecológica.

A justiça ecológica significa: o ser humano tem uma dívida de justiça para com a Terra. A Terra possui sua subjetividade, sua dignidade, sua alteridade, seus direitos. Ela existiu há milhões de anos antes que surgisse o ser humano. Ela tem direito a continuar a existir em sua complexidade, com o seu patrimônio genético, com o seu bem comum, com o seu equilíbrio e com as possibilidades de continuar a evoluir.

Um de seus filhos, o ser humano, voltou-se contra ela. A justiça ecológica propõe uma nova atitude para com a Terra, de benevolência e de mútua pertença, e, ao mesmo tempo, uma atitude de reparação das injustiças praticadas. Se o projeto técnico-científico se desestruturou, ele pode hoje se redimir.

Essa injustiça ecológica transformou-se também numa injustiça social, porque, pela exaustão dos recursos, pela contaminação atmosférica, enfim, pela má qualidade de vida, foram atingidos o ser humano e a sociedade inteira.

Essa nova ética socioambiental só se implementa se surgir mais e mais uma nova consciência planetária, a consciência da responsabilidade para com o destino comum de todos os seres. Dessa consciência, vai se formando lentamente uma nova cultura ecológica, o predomínio de um novo paradigma mais reverente de integrador para com o meio ambiente.

Um notável filósofo da ética da responsabilidade, Hans Jonas, formulou, na linha de Kant, um novo imperativo ético para nossos dias: "Comporta-te de tal maneira que os efeitos de tuas ações sejam compatíveis com a permanência da natureza e da vida humana sobre a Terra".

Teologicamente, podemos falar de pecado ecológico. Quer dizer, daquelas atitudes que comprometem o equilíbrio ecológico e a evolução e que provocam consequências perversas para os seres vivos, inclusive para os humanos.

Esse pecado ecológico não se restringe apenas ao presente. Ele alcança o futuro, pois podem ser feitas intervenções na natureza cujas consequências se prolongam para além da geração atual, atingindo aqueles que ainda não nasceram. O preceito bíblico "Não matarás" (Êx, 20, 13) abarca também o biocídio e o ecocídio futuros. Não nos é permitido criar condições ambientais e sociais que produzam futuramente doenças e morte aos seres vivos, humanos e não humanos. O pecado ecológico é um pecado social e histórico.

Em razão desses efeitos, entende-se a solidariedade "generacional"; cumpre sentirmo-nos solidários para com aqueles que ainda não vieram a este mundo. Eles têm o direito de viver, de não adoecer, de desfrutar a natureza, de consumir águas limpas, de respirar ar oxigenado, de contemplar as estrelas, a Lua e o Sol, enfim, a natureza conservada e integrada humanamente.

A consequência dessa nova consciência ética é a assim chamada reconversão da dívida externa dos países devedores em função de políticas protetoras do meio ambiente natural e social. Segundo essa proposta, parte da dívida externa seria cancelada, desde que os Estados e as empresas se dispusessem a proteger o meio ambiente e a manter relações sociais mais simétricas e justas. Mas não basta a reconversão da dívida feita aos Estados e às grandes empresas. Para ser socialmente justa, deveria incorporar como interlocutores também os grandes movimentos sociais e seus representantes. Eles seriam sujeitos de uma transformação econômica, política e social que atendesse a suas demandas históricas e que articulasse a justiça social com a justiça ecológica de forma permanente.

Por outro lado, é farisaico e injusto que os países ricos do Norte exijam atenção ao meio ambiente dos países pobres do Sul, se não lhes dão condições técnicas que facilitem a preservação ecológica. Antes pelo contrário: o que assistimos é à transferência de tecnologias sujas para os países pobres, a fim de que produzam para o mercado interno e internacional os produtos ainda consumíveis, mas feitos com uma taxa considerável de prejuízos ecológicos.

A ecologia convencional surgiu desvinculada do contexto social. Igualmente as teologias vigentes, entre elas a teologia da libertação, foram elaboradas sem inserir o contexto ambiental. Agora importa completar as perspectivas numa visão mais ampla e coerente: a lógica que leva a dominar classes, oprimir povos e discriminar pessoas é a mesma que leva a explorar a natureza. É a lógica que quer o progresso e o desenvolvimento ininterrupto e crescente como forma de criar condições para a felicidade humana. Mas essa forma de querermos ser felizes está destruindo as bases que sustentam a felicidade: a natureza e o próprio ser humano.

Para chegarmos à raiz de nossos males e também ao seu remédio, necessitamos de uma nova cosmologia espiritual, isto é, de uma reflexão que veja o planeta como um grande sacramento de Deus, como o templo do Espírito, o lugar da criatividade responsável do ser humano, a morada de todos os seres criados no Amor. Ecologia, etimologicamente, tem a ver com morada. Cuidar dela, repará-la e adaptá-la às eventuais novas ameaças, alargá-la para abrigar novos seres culturais, eis a sua tarefa e também a sua missão.

Exemplos de mútua relação negativa entre o social e o ambiental

Morte de aves em Minas Gerais

Em 1985 constatou-se uma mortandade desproporcional de aves em Minas Gerais, cerca de 50 mil, entre pombos e gaviões. Verificou-se que essas aves haviam passado por uma plantação de arroz, regada com o inseticida Furadan, fabricado pela Guaicuhy Agropecuária, altamente tóxico, causa da mortandade dos pássaros. Fenômeno análogo ocorreu na Cidade do México. Em 1986 morreram de repente na cidade milhares de pombos e aves migratórias. Os especialistas constataram que a causa fora uma forte inversão térmica na cidade, durante a qual o cádmio e o chumbo de uma refinaria de petróleo, a noroeste da cidade, não puderam se dissipar no ar, ocasionando a morte das aves. Milhares de crianças foram também contaminadas, muitas das quais morreram.

O fenômeno da inversão térmica

Tanto São Paulo quanto a Cidade do México e outras megalópoles apresentam, geralmente no inverno, o fenômeno da inversão térmica. Especialmente grave é o problema na Cidade do México. A cidade fica a mais de 2.500 metros de altura, numa imensa planície (outrora um lago), cercada de altas montanhas. A inversão térmica ocorre porque camadas de ar contaminado mais denso não podem subir verticalmente até se dissipar na estratosfera. Elas permanecem próximas à superfície da cidade. Formam uma camada densa de névoa, tipo *fog* ou *smog*. Com isso, a circulação de ar fica impedida e promove a asfixia de muitíssima gente. Calcula-se que, em tais circunstâncias, caminhar pelas ruas da Cidade do México por um dia equivale a fumar 40 cigarros. Sabe-se que durante a grande inversão térmica de 1952, em Londres, morreram quatro mil pessoas. Calcula-se que, por ano, morrem no México cerca de 30 mil crianças e que, entre outros fatores, o fenômeno concorra para a morte de 100 mil adultos.

Junto com a inversão térmica produzem-se no verão as chuvas ácidas. O ar impregnado de ácidos, especialmente de enxofre, nitrogênio e dióxido de carbono, contamina, por sua vez, a água das nuvens. Ao chover, as fontes, os lagos, as plantações e os animais são perigosamente afetados.

Noutras vezes produz-se a precipitação ácida, provocada pela transformação química da atmosfera, sobrecarregada de ácidos industriais. Caindo em forma de chuva, de neve ou de resíduos secos, contaminam os metais que estão *in natura* na terra, como o zinco, o chumbo, o mercúrio e o alumínio. Esses metais são altamente tóxicos para a vida humana. São absorvidos pela água, pelas hortaliças e legumes e mesmo pelo ar. Não somente a saúde humana é afetada, mas também as matas, os lagos, os animais aquáticos, as plantações, os materiais das cidades. Com um nível crescente, podem até interromper a cadeia alimentar dos lagos. A flora aquática absorve os elementos tóxicos, é comida pelos peixes pequenos, que então se contaminam; estes servem de comida para os peixes maiores, que por sua vez alimentam os seres humanos. Todos ficam contaminados por essa cadeia de envenenamento, que produz doenças e acelera a morte.

"Hamburguerização" das florestas da América Central

A partir da criação da rede McDonald's, em 1955, produziu-se um enorme problema ecológico em toda a América Central. Para baratear a carne dos hambúrgueres americanos, começou-se a importar carne barata da América Central. As companhias exportadoras de carne começaram a desmatar para criar gado em pastoreio extensivo. Entre 1960-1980, a exportação de carne cresceu na ordem de 160%. Ao mesmo tempo, diminuiu enormemente a mancha verde da América Central. De 400 mil quilômetros quadrados de florestas úmidas, havia, 20 anos após, apenas 200 mil. Como disse o ecólogo Ingemar Hedström, produziu-se uma "hamburguerização" da América Central (*Somos parte de un gran equilibrio*, op. cit., pp. 46-7).

Fato parecido ocorreu com os famosos projetos de Daniel Ludwig e da Volkswagen na Amazônia. No Jari de Ludwig foram desmatados dois milhões de hectares de florestas. A Volkswagen, diz-se, desmatou 144 mil hectares para colocar no território 46 mil cabeças de gado. Para cada cabeça de gado havia 30 mil metros quadrados. Ambos os projetos fracassaram, as pessoas não foram beneficiadas, e todos perdemos as florestas.

Esses exemplos mostram uma vez mais o entrelaçamento entre o social e o ecológico e a vinculação dialética entre a injustiça social e a injustiça ecológica.

3. Desafios éticos e ecológicos do mercado mundial

A partir de 1989, triunfa econômica e politicamente o sistema capital e o que ele pressupõe: a iniciativa privada, o individualismo, a concorrência, o mercado capitalista e o lucro tendencialmente maximizado.

O que vige agora é a oposição Norte-Sul; ou países industrializados e opulentos *versus* países pobres e tecnicamente atrasados.

Encontramo-nos agora num imenso processo de "mundialização" da economia, da comunicação, da ciência e tecnologia, do sistema financeiro e das tendências da cultura dominante. Na verdade, o que "mundializa" não são os costumes dos milionários xeques árabes ou os hábitos culinários dos orientais, mas o sistema do capital dos EUA, da Comunidade Econômica Europeia e do Japão, com a subjetividade coletiva que lhe vem subjacente.

Em razão dessa profunda mudança de rumo da humanidade, agora mais e mais se está abandonando a linguagem do desenvolvimento e, em seu lugar, entra a palavra mercado, integração das economias nacionais no mercado mundial, modernização e projeto neoliberal. A palavra mágica que se encontra na boca dos líderes políticos do mundo inteiro é *modernização*. O que está aí subentendido?

O subentendido é a nova utopia social que se está difundindo em todo o mundo: o neoliberalismo. Com a queda do socialismo real e o esvaziamento teórico das razões que buscavam conferir-lhe legitimidade, triunfou o modo de pensar e de produzir capitalista. O capitalismo antigo e novo, cêntrico e periférico veste-se com a roupagem do neoliberalismo. Que significa ele para as grandes maiorias marginalizadas, entre as quais nos incluímos na América Latina?

A tragédia dos países pobres

Não precisamos detalhar as características principais do neoliberalismo. Apenas convém recordar alguns de seus traços fortes.

Trata-se da fase atual de acumulação capitalista, caracterizada pela produção em base não mais transnacional, mas mundial, e pela marginalização do Sul, em relação à produção científico-técnica mais avançada do Norte. A afirmação central é a privatização e o Estado mínimo. Acentua-se a submissão da política aos interesses econômicos, como foi demonstrado na guerra do Golfo Pérsico. Exige-se a redução do papel do Estado e a diminuição dos investimentos e gastos sociais; quer dizer, menos escolas, menos merenda, menos combate à cólera, menos saneamento básico, menos casas populares, menos locais de lazer público etc. Para os países do Sul, em geral, historicamente pobres, trata-se da imposição, por parte dos organismos financeiros internacionais e por certos governos do Norte, como os EUA, de uma política conhecida como de "ajustes estruturais".

Os "ajustes estruturais" significam articular as economias nacionais com as exigências do mercado dominado pelo capitalismo central. Trata-se de modelar a produção conforme as necessidades dos países consumidores, situados no Norte, e de construir estruturas políticas, jurídicas e ecológicas que se adaptem às novidades tecnológicas e aos níveis de consumo dos países centrais. Para tal propósito conta-se com o apoio das classes compradoras de cada país, prontas a sacrificar a soberania nacional de seus países pobres em troca de uma participação nas benesses materiais e culturais do Ocidente opulento.

O mercado é apresentado como a grande realidade, como uma lei natural. O que não passa pelo mercado não tem valor. E quem não se firma no mercado está condenado a desaparecer. O mercado é considerado como o único sistema de produção mundial. Por isso, todos os países, com suas economias, devem ser integrados nele. E se entra pela *competitividade*. A "mundialização" se faz pela competitividade em todas as frentes do mercado.

O sistema de mercado desenvolve valores culturais e ideológicos adequados à sua lógica. Cria uma subjetividade coletiva; vale dizer, uma mesma forma de pensar, de sentir, de consumir, de amar, de sofrer, de se alegrar, de namorar, de viver familiarmente, de tratar os amigos, de ouvir música e de entender a própria morte. O neoliberalismo valoriza o individualismo, exalta o direito de iniciativa privada, exige a observância estrita dos contratos comerciais, impõe a todos a democracia liberal-representativa, o internacionalismo, no sentido do rompimento dos limites nacionais, e minimiza os conflitos de classe, pois, dizem os neoliberais, deve-se buscar uma colaboração entre as classes para permitir o funcionamento harmônico do mercado mundial. Mas se omite de dizer em benefício de quem se opera esse funcionamento.

O modelo neoliberal move guerra ao Estado. Especialmente ao Estado reformista e distributivista dos anos 1960-70. O Estado é visto como um limite à "mundialização", pois defende as identidades e projetos nacionais em economia e em política. Daí, importa enfraquecer o Estado. Faz-se mister diminuir o funcionalismo público, embora ele seja uma forma de socializar o bem-estar e de ocupar eficazmente as pessoas; agora, devem-se diminuir os serviços públicos de redistribuição do produto nacional (por meio dos serviços de saúde, ensino público, transporte, comunicação, segurança etc.) para tornar o país mais forte na concorrência mundial.

Por essas e outras estratégias, os países do assim chamado Terceiro Mundo são obrigados a uma integração subordinada ao mercado mundial. Devem manter suas fronteiras econômicas abertas aos produtos dos países avançados e ter de pagar sempre as taxas da dívida externa. A economia mudou. Antes era uma economia para o crescimento e o desenvolvimento. Agora é uma economia para o pagamento da dívida externa.

É o mundo às avessas. Os pobres ajudam os ricos. As economias e as exportações dos países pobres são de antemão hipotecadas para o pagamento da dívida. Como não chamar essa nova ordem econômica mundial de *nova desordem econômica mundial*?

As consequências dos "reajustes estruturais" foram dramáticas para a América Latina. A década de 1980 é considerada a década perdida, pois a renda per capita caiu enormemente. Segundo a FAO, os 5% mais ricos aumentaram seus ingressos 8%, e 75% da população ficaram consideravelmente mais pobres, na ordem de 13%. Quer dizer, o fosso entre ricos e pobres cresceu 21%. Em 1970 havia 41% da população subempregada ou desempregada (136 milhões de habitantes); em 1980, já eram 43% (170 milhões); e em 1986 esse percentual subia para 45% (184 milhões de pessoas).

Um estudo recente do FMI, destinado a defender as políticas do órgão, reconheceu: "Não se pode dizer com certeza se o programa de ajuste estrutural funcionou ou não. Com base em estudos existentes, não se pode dizer com certeza se os programas apoiados pelo Fundo levaram a uma melhoria quanto à inflação e ao crescimento econômico. Em realidade", continua o documento, "aparece com frequência que a execução do programa foi acompanhada de aumento de inflação e baixa taxa de crescimento". Não são os críticos que fazem tal constatação, é o próprio órgão executor do "ajuste estrutural".

Até os anos 1970, especialmente com a "Aliança para o Progresso", houve desenvolvimento, embora desigual, com uma cultura da esperança. Depois vieram os regimes militares, que tinham como finalidade garantir a integração dos países dentro do sistema capitalista (contra as tentativas de revoluções de cunho socialista) por todos os modos, com repressão, torturas e assassinatos políticos. Faziam-se obras faraônicas que distraíam o povo. Trouxeram um desenvolvimento tecnológico com presumíveis milagres, cujo efeito era manter o entusiasmo no povo. Desmantelou-se esse Estado como grande empresário e indutor de reformas. Agora surge o Estado fraco, atrelado à lógica da globalização.

A partir de 1982, o sistema financeiro mundial começou a exigir duramente o pagamento da dívida externa. Esta absorve entre 35 e 50% dos ingressos de cada país. Para poder pagar, a cada mês, como é o caso do Brasil, 1,2 bilhão de dólares em juros do principal da dívida aos bancos mundiais, os governos deixam de fazer investimentos na área social. E, concomitantemente, crescem de forma alarmante as favelas, a violência urbana, a mortalidade infantil e políticas de extermínio de meninos e meninas de rua. Todos esses antifenômenos estão articulados entre si por conexões causais.

Hoje, dentro das políticas dos ajustes, em vista do mercado mundial, somos mais pobres. Mas com uma agravante: estamos sem esperança. Difunde-se a crença de que os países do Terceiro Mundo não têm futuro nem salvação. Estamos condenados a ser subalternos dos países ricos e reprodutores de seus valores e de seu estilo de consumo. A lógica do colonialismo e do neocolonialismo continua a integrar subordinando e a subordinar excluindo dos benefícios do processo produtivo avançado.

Passa-se a ideia de que a cultura e o homem ocidental europeu e norte-americano são melhores, de que eles são a referência obrigatória para o resto do mundo, porque são eles que hegemonizam o projeto técnico-científico e a política mundial. Faz-se crer que não há alternativas. E se alguma surgir, é tornada concretamente impossível, porque há poderes capazes de destruí-la. E estão decididos a fazê-lo, como no caso da Nicarágua e do férreo bloqueio a Cuba.

Antes tínhamos a teoria da dependência; hoje, a teoria da prescindência. Prescindem dos pobres. Somos excluídos. Os subdesenvolvidos, antes, confrontavam-se com o desenvolvimento. Tinham razões de lutar e de esperar. Agora, os excluídos são confrontados com a morte. Prega-se a resignação, porque não há outra saída. Entretanto, não podemos esperar que os excluídos aceitem esse veredicto. Vão defender-se com todos os meios, para viver, sobreviver e ter um mínimo de participação nos benefícios do desenvolvimento e nos bens da Terra.

Sementes de esperança ecopolítica

A saída dessa situação angustiante demanda um trabalho crítico prévio.

Em *primeiro lugar*, importa fazer a crítica do paradigma capitalista e ocidental. Todos, desde pelo menos o século XVIII, somos dominados pelo mito do desenvolvimento. Está presente nos teóricos do liberalismo, bem como em Marx. Entendia-se o desenvolvimento como um processo de crescimento econômico capaz de arrastar consigo toda a sociedade. Supunha tal dinâmica econômica que se podia sustentar um desenvolvimento social e político igualmente universal, transformando a sociedade num conjunto social integrado, no qual todos os seres humanos veriam satisfeitas suas necessidades básicas e, livres delas, ascenderiam a um futuro humano e espiritual maior.

Acreditava-se, pois, numa grande harmonia entre desenvolvimento humano e desenvolvimento econômico, baseada no desenvolvimento técnico. Ela ocorreu? Somente para alguns estratos dominantes, mas não para 2/3 da humanidade. Para estes, trouxe caos e insustentabilidade.

Por que essa contradição? Porque a forma como se produz privilegia o capital ao trabalho, a acumulação privada à participação coletiva, e considera a pessoa humana apenas força de trabalho, carvão vivo a ser queimado na máquina produtiva. Tal dissimetria originou antagonismos, opressão e exploração. Resultou numa dinâmica econômica que marginaliza as grandes maiorias e expulsa de seu seio altas porcentagens da população. Esses agrupamentos são de excluídos que, no Brasil, chegam a mais de 30 milhões. Campeia, pois, injustiça societária em nível mundial.

Curiosamente, hoje está se realizando a profecia de Marx no *Capital*: o modo de produção capitalista acabaria destruindo as próprias fontes de sua riqueza, o ser humano e a natureza. Hoje, a destruição do homem/mulher e da natureza coincide com altas taxas de lucro. Que lucro é esse que se baseia num processo de morte e de sacrifício dos outros? Analistas chamam a atenção para o fato de que, na lógica do capital, destruir a natureza e liquidar o desenvolvimento do Terceiro Mundo, para poder penetrar nele, vender aí seus produtos ou eventualmente reconstruí-los, em outros moldes, dá mais lucros do que cuidar da natureza e do desenvolvimento social.

Se repararmos bem, a globalização se faz pela via da competitividade (por isso é violenta), não pela via da solidariedade e da interdependência de todos para com todos e com a natureza.

O mercado está destruindo as culturas fracas e as diferenças culturais, pois torna tudo homogêneo. A glória do McDonald's é ter criado o Big Mac. Ele é igual no Rio, em Nova York, em Tóquio, em Pequim e em Moscou. A globalização transforma tudo num imenso Big Mac, os hotéis, o vestuário, os filmes, os vídeos, a música, os programas de TV, os estilos de consumo e de vida.

Tudo é feito mercadoria. E somente pode ter acesso aos bens do mercado quem tem poder aquisitivo. A grande maioria está fora do mercado, porque o poder aquisitivo é insuficiente. O mercado, nesse sentido, é sacrificialista. É como um Moloc que cria vítimas e exige mais e mais vítimas. Entre as vítimas estão a própria natureza e a humanidade como um todo, cujo futuro se vê seriamente ameaçado.

É talvez esse o ponto que pode obrigar o sistema do capital mundialmente integrado a uma mudança de paradigma. A Terra, já dizia Gandhi, atende às necessidades humanas de todos, mas não aguenta a voracidade das elites consumidoras. O tipo de relação pilhadora da natureza deve encontrar seu limite, porque os recursos da Terra não são renováveis, são limitados. Aqui há um limite intrínseco à perpetuação da ordem do capital como ordem mundial.

Em *segundo lugar*, esse modelo não é universalizável. Só pode ser aplicado a poucos países que detêm poder econômico, político e militar. Se a China quisesse dar a cada família chinesa dois a três carros, como possuem as famílias norte-americanas, o país literalmente se transformaria num imenso estacionamento poluído.

Em *terceiro lugar*, o sistema de mercado capitalista cria um fosso cada vez maior entre os países ricos, centrais, e os países pobres, periféricos. Os problemas humanos da pobreza, das doenças, das rebeliões, das migrações por motivos econômicos poderão criar problemas éticos e organizacionais insolúveis e humanamente insuportáveis. Seria intolerável um apartheid social mundial, com muros que separassem os países tecnologicamente desenvolvidos dos demais países mantidos no atraso. Ou poderá ocorrer uma bifurcação na humanidade: por um lado, os que usufruem todos os avanços tecnológicos e prolongam ao máximo a expectativa de vida (quem sabe por mais de 100-120 anos), insulados por um muro mais discriminador do que aquele de Berlim, e, por outro, a antiga humanidade, que sobrevive com os recursos convencionais e com curta expectativa de vida, contentando-se em morrer antes do tempo.

Em *quarto lugar*, a qualidade de vida global é muito ruim. Nos países centrais produz-se a destruição da identidade humana pelo consumismo, pelo individualismo, pela droga, pelo alcoolismo, pela permissividade sexual desbragada e pelos altos níveis de solidão, incomunicabilidade e suicídio; nos países mantidos na pobreza, a destruição é produzida pelas sequelas da miséria, das doenças, da favelização e do desemprego, que geram violência, tentativas de rebeliões por desespero, desestruturação dos laços familiares e anomia social.

O Papa João Paulo II, na encíclica *Solicitudo rei socialis* (1987), traçou as linhas éticas de um desenvolvimento que não se restringe apenas à produção de bens materiais, mas que é integrado e integral, baseado na solidariedade mundial e na socialização de todas as produções técnico-científicas, postas a serviço da superação dos arqui-inimigos da humanidade, como a fome, as doenças, a impotência diante da violência da natureza etc.

Especialmente o cristianismo de libertação fez as mais duras críticas ao mercado capitalista, por ele ter criado o fetichismo da mercadoria e a religião do mercado, como já o denunciaram alguns analistas, particularmente da América Latina, como Pedro Ribeiro de Oliveira, Hugo Assmann, Julio de Santa Ana, Marcos Arruda e Franz Hinkelhammert. A religião do mercado promete felicidade, vida e sentido ao mundo, como as religiões clássicas. Mais que analisá-la, vamos descrevê-la sucintamente. Há flagrantes analogias com a religião, como foram levantadas por Pedro Ribeiro de Oliveira.

O *dogma fundamental* da religião da mercadoria é este: "o dinheiro tudo pode, move o céu e a terra". E o mercado é a mão invisível que rege nossos destinos melhor do que a nossa consciência, pois toma sempre a decisão mais adequada.

O dogma do dinheiro se traduz numa mitologia que difunde, pelo cinema, pelas novelas e pela TV, pelos meios de massa, enfim, a história do menino pobre, mas honesto e trabalhador, que ganha dinheiro e assim é feliz.

A mitologia se traduz numa teologia para os eruditos. São as teorias dos economistas. Eles sistematizam os postulados dogmáticos que a mitologia veicula de forma popular.

A propaganda tem a função de uma *evangelização* que anuncia as boas notícias da salvação. Pessoas "felizes" e "bem-sucedidas" são associadas às mercadorias.

Há mercadorias que são verdadeiros *sacramentos*. Quem os consome (como cigarros Marlboro ou a Coca-Cola), enche-se de energia, de beleza e de vida.

Existe uma autêntica *catequese*, com sua didática de persuasão. Moças bonitas e carinhosas (a exemplo das animadoras de auditórios infantis) mostram a milhões de crianças o mundo encantado de produtos que só o dinheiro é capaz de criar e tornar acessível.

Existe também o *culto dominical*. Em programas de milhões de audiência, as pessoas se sujeitam a situações ridículas ou vivem a angústia do "tudo ou nada" diante de mercadorias ou somas de dinheiro quase ao seu alcance.

A grande festa anual dessa religião é o *Natal*. Ela reúne todas as características da festa religiosa. É a celebração das mercadorias nos shoppings enfeitados e na ceia natalina, em que deve haver comida e bebida à saciedade, como em toda boa festa religiosa.

Existem os *templos* dessa religião, que são os bancos-sede, cuja suntuosidade e estilo arquitetônico impressionam o comum dos mortais, impondo até o silêncio reverencial ao se entrar nas filas dos guichês, como se fossem filas para a comunhão eucarística.

Existe também a *romaria* aos espaços mais carregados de significação, que são os grandes shoppings e cidades de consumo, como Manaus, Disneyworld, Miami, Paris e Nova York. Organizam-se viagens a essas terras da promissão.

Existem os *sacerdotes*, que são os banqueiros e financistas, pois eles prestam o maior culto ao dinheiro, fazem-no render.

A religião da mercadoria possui a sua *ética*, segundo a qual o interesse individual constitui a norma geral de comportamento. Assim, o interesse do padeiro não reside em saciar a fome das pessoas (interesse social), mas em ganhar dinheiro com a venda de seu pão (interesse privado). Os limites do interesse egoístico não são os interesses dos outros, mas os contratos que devem ser sacrossantamente observados.

A "fetichização" da mercadoria dá origem a gestos e a atitudes que o ser humano até hoje só reservava à Divindade e a nenhuma outra criatura. Por isso o mercado é idolátrico. Os atributos da divindade são dados às mercadorias. A elas se adjudicam características salvíficas. Os profetas já fizeram a crítica desse tipo de idolatria. Sua característica é exigir sacrifícios para alcançar a prometida felicidade, propiciada pela mercadoria; felicidade sempre frustrada, porque não é por mercadorias meramente materiais e "fetichizadas" que se sacia o coração humano, ser que possui não apenas fome de pão, mas principalmente fome de sentido, de acolhida, de espiritualidade e de Deus.

O cristianismo de libertação, na sua crítica ao mercado capitalista e por sua atitude, comete uma heresia, na perspectiva do mercado: faz uma opção pelos pobres, quer dizer, por aqueles que são zeros econômicos e perderam no mercado. Ora, a partir das vítimas do mercado, faz-se um questionamento básico ao mercado atual, como excludente, perverso, inimigo da vida das grandes maiorias da humanidade, negador do projeto de Deus na história, que é a construção da irmandade entre todos os humanos.

Somos contra o mercado, pura e simplesmente? Não. Questionamos esse tipo de mercado, aquele predominante hoje, que é o mercado de corte capitalista. O mercado é muito mais que o sistema capitalista, pois já existia antes dele. O mercado é uma realidade humana eminentemente social. Talvez hoje seja a realidade central do mundo.

As relações de mercado são relações sociais que regem a produção, a distribuição e o consumo de bens e serviços. Pelo fato de ser constituído por relações sociais, o social, e não o individual, deveria ocupar a centralidade do mercado. O que deve comandar as prioridades e orientar a lógica de sua realização histórica não são as demandas do próprio mercado, quase sempre artificiais, visando unicamente ao lucro, mas as necessidades da vida humana em sua concretização, que é sempre material, pessoal, social, cultural e espiritual.

Talvez a crise mundial gerada pela pobreza de 2/3 da humanidade e pelas próprias contradições decorrentes da concorrência sistêmica obrigue as nações centrais a reorientarem suas políticas de produção de tecnologia e a submeterem o mercado a certos controles que impeçam o desmonte de economias nacionais operadas pelos capitais voláteis e especulativos. Essas medidas devem possibilitar a preservação das culturas dos vários povos, com suas diferenças também no processo produtivo e nos níveis de consumo, e fortalecer o respeito à natureza, sem a qual ninguém, nem ricos nem pobres, poderá sobreviver.

Deve-se buscar o sentido originário da economia, que significa a gestão das carências, e não, como na economia de mercado, o crescimento linear da produção de bens materiais e dos serviços. De uma economia da produção material ilimitada, deve-se chegar a uma economia da produção humana integral, produção do suficiente para todos, também para os seres vivos da natureza. Caso contrário, iremos ao encontro do pior, pois a Terra dá inequívocos sinais de cansaço e mostra limites visíveis em sua sustentabilidade.

A questão não é chegarmos a um desenvolvimento sustentado, mas a uma sociedade sustentada que a si mesma dá as formas de desenvolvimento integral das pessoas e das comunidades, com a natureza e nunca contra ela, complementar a outros tipos de desenvolvimento e solidária com o destino de todos os povos da Terra.

Desafios ético-ecológicos: atitudes novas em face de uma realidade nova

A realidade atual representa uma imensa inversão da relação justa entre os seres humanos e a natureza. Precisamos de uma nova economia política globalizada, de um novo sonho coletivo para a humanidade. Esse sonho deve procurar sua realização mínima ao menos nestes seis pontos fulcrais, básicos para uma atitude ética responsável:

Humanização mínima: todo ser humano deve ter o direito mínimo de persistir na existência. Isso quer dizer que deverá poder comer pelo menos uma vez ao dia, morar e ter o cuidado básico de sua saúde garantido. Os sistemas vigentes não colocam a pessoa humana em seu centro, mas apenas a sua força de trabalho (seus músculos, sua cabeça, seus pés de esportista etc.). É revolucionário hoje afirmar: devemos ter amizade e amor para com a pessoa humana, para além de qualquer determinação econômica, ética, religiosa ou cultural. A novidade dos movimentos dos direitos humanos no Terceiro Mundo é afirmá-los principalmente para as vítimas e apresentar como lema básico de sua luta: "servir à vida a partir das vidas mais ameaçadas".

Cidadania: tendencialmente, a organização social não deve produzir excluídos, mas potencialmente todos devem se sentir cidadãos da Terra, que se acostumam a pensar globalmente, embora atuem localmente em suas nações (com suas raízes culturais). A cidadania implica uma atitude democrática, participatória, e a concordância intrínseca com a pluralidade;

Justiça societária: implica a certeza de se poder desfrutar benefícios sociais; certeza também do prevalecimento de certa correlação entre o que o cidadão contribui e o que, em contrapartida, recebe. Pela justiça societária, procura-se tornar mais concreto e viável o ideal político da igualdade, que passa a constituir um horizonte utópico, no sentido positivo do termo (uma referência que relativiza todas as concretizações e evoca sempre outras novas). A solidariedade entre grupos e nações alivia a rudeza das desigualdades sociais.

Bem-estar humano e ecológico: os melhores projetos, práticas e organizações são aqueles que maximizam não somente a quantidade de bens e serviços, mas principalmente a qualidade da vida humana. Esta deve resultar do funcionamento global da sociedade. Ao bem-estar humano pertence a nova aliança que se estabelece entre os homens/mulheres e a natureza, em termos de confraternização e veneração. Pertence também a espiritualidade como capacidade de comunicação com a subjetividade profunda de si mesmo e das pessoas e com as mais diferentes alteridades, inclusive a alteridade absoluta (Deus). Pertence a ela igualmente a expressão pluralista de valores e as interpretações da vida, da história e do propósito último do universo.

Respeito às diferenças culturais: o ser humano é um ser histórico e codificou diferentemente suas respostas às questões significativas de sua passagem pela Terra. Como existe uma arqueologia exterior (ecologia ambiental e social), ele possui também uma arqueologia interior (ecologia profunda); interpreta, valoriza e sonha a sua realidade a partir de experiências cumulativas. Toda essa diversidade mostra a riqueza do que é a aventura do ser humano. Ela pode ser comunicada e enriquecer a todos. A despeito do fato de a ciência e a técnica tenderem a homogeneizar tudo, pode-se produzir singularidades pela apropriação cultural específica que se faz desses processos. Cada cultura apresenta uma forma distinta de viver a solidariedade, de festejar, de integrar trabalho e lazer, de articular os grandes sonhos com a realidade histórica. A ciência e a técnica são momentos dessa forma de habitar o mundo e de o ser humano sentir-se integrado num todo ecológico maior.

Reciprocidade e complementaridade cultural: não basta o reconhecimento da alteridade. Esse ato de respeito ordena-se ao aprendizado dos valores dos outros, ao desenvolvimento da reciprocidade (troca de experiências e saberes) e da complementaridade mútua. Nenhuma cultura expressa a totalidade do potencial criativo humano. Por isso, uma cultura pode completar a outra. Todas juntas mostram a versatilidade do mistério do ser humano e as distintas formas de realizarmos nossa humanidade. Por isso, cada cultura representa uma riqueza inestimável (língua, filosofia, religião, artes, técnicas; numa palavra, as formas de habitar o mundo), sejam as culturas singelas da Amazônia, sejam as culturas assim chamadas modernas, técnico-científicas. Toda essa imensa diversidade cultural não se deverá perder num processo de globalização homogeneizador pelo único modo de produção capitalista.

Cuidado com a vida e com o planeta Terra

Cresce a consciência de que temos somente o planeta Terra como pátria comum, na qual podemos viver. Tanto ele quanto o sistema da vida estão ameaçados pelo princípio da autodestruição. Garantir o futuro da Terra e da humanidade constitui a grande centralidade. Sem elas, nenhum dos valores acima apontados se sustenta. Por isso, é imperativa uma ética do cuidado a ser vivida em todas as instâncias. Ela impõe uma re-educação da humanidade, para que possa ao mesmo tempo satisfazer suas necessidades com a exuberância da Terra e chegar a uma convivência pacífica com ela. Não somos meros habitantes da Terra. Somos seus filhos e filhas. Numa perspectiva radical, somos a própria Terra, que, em seu processo de evolução, alcançou, por meio do ser humano, a capacidade de sentir, de pensar, de amar e de preocupar-se consigo mesma.

Conclusão: fazer a revolução molecular é um desafio a cada sujeito ético-ecológico

A situação mundial, para ser superada, demanda uma revolução. Tudo indica, porém, que o tempo das grandes revoluções passou. Via de regra, eram feitas no passado por classes ou grupos de vanguarda. Nem por isso a exigência de uma revolução arrefeceu. Os caminhos são outros. Hoje, cada um é chamado a fazer a sua revolução. Seu estilo será molecular. Como cada molécula interage com o meio e garante sua subsistência, assim cada qual deverá operar as mudanças lá onde se encontra e em interação com o meio ao seu alcance. Cada pessoa humana representa um feixe imenso de potencialidades que querem se expressar. Os sistemas impetrantes tentam submeter seus cidadãos à resignação e à pura acomodação. Por isso, devemos ser criativos e alternativos lá onde podemos. Devemos deixar nascer em nós o homem/mulher novos, diferentes, complementares, solidários e unidos na construção de um destino comum para o nosso país e para o nosso planeta. Não somos chamados a ser galinhas, mas águias. A águia está escondida dentro de cada anseio e de cada sonho de crescimento e de libertação que fermenta na mente e incendeia o coração. Importa dar asas à águia. Seu hábitat é o céu, as alturas e o espaço aberto, e não o rastejar pelo chão. Cumpre erguer voo e arrastar outros na mesma aventura da liberdade e da libertação. Nesse processo, far-se-á a revolução para um novo paradigma civilizacional, que permitirá a continuação do experimento homo num sentido mais profundo e melhor do que aquele vivido até o momento.

PARTE 2

NOVA COSMOLOGIA, DEUS E ÉTICA DA VIDA

4. A vida como centralidade ética e ecológica

Pathos, eros, logos, daimon e *ethos*, palavras-geradoras do paradigma greco-ocidental, estruturam o percurso da vida humana na imensa aventura cósmica que nos toca passar.

Pathos é o sentimento de base pelo qual somos afetados e afetamos tudo o que nos cerca. Configura a estrutura básica da existência enquanto ser-no-mundo junto com outros em permanente inter-retrorrelacionamento.

Eros significa a força vital, o entusiasmo, a criatividade da vida, a força de expansão e criação de diferenças e também de sua unidade dinâmica.

Logos é a capacidade de intelecção, de descoberta e de criação de sentido em tudo o que sentimos e captamos. É um princípio ordenador da vida e do universo.

Daimon é a voz interior, o chamado de nossa natureza profunda, a inclinação e o afeto que sempre nos empurram para a frente e para cima, ajudando-nos a discernir o bem e o mal.

Ethos é a capacidade de ordenar responsavelmente os comportamentos com os outros e com o mundo circundante, para que possamos viver na justiça, na cooperação e na paz, no interior da casa comum dos humanos (sentido originário de ethos – hábitat humano).

A vida na compreensão cosmogênica atual

Essas cinco categorias eram, nos tempos clássicos, mantidas em estreita articulação, de sorte que daí resultavam a harmonia pessoal e a paz social. Lentamente, entretanto, o *logos* começou a ganhar a hegemonia. Por um processo histórico misterioso, isso já ocorreu nos tempos socráticos, com a poderosa capacidade reflexiva dos sofistas, de Platão e de Aristóteles. Essa hegemonia acabou por se transformar numa espécie de ditadura do *logos* sobre as demais dimensões da existência e de sua compreensão, especialmente quando o *logos* foi afunilado numa compreensão utilitarista e funcional, a assim chamada razão instrumental-analítica, própria dos tempos modernos. O *pathos* e o *eros*, o *daimon* e o *ethos* foram postos sob suspeita; eram acolhidos somente na medida em que passavam pelo crivo da razão questionadora. Especialmente o *pathos*, como capacidade de sentimento profundo, de enternecimento e de com-paixão, foi acantonado no âmbito da estrita subjetividade.

As duas guerras mundiais trouxeram crise para esse tipo de razão. Se ela é útil para o funcionamento e a comodidade da vida, ela pode ser também altamente destrutiva, a ponto de pôr em xeque o futuro do planeta Terra e a aventura humana. A crise da cultura do *logos* levou à revalorização do *pathos*, do *eros*, do *daimon* e do *ethos* como caminhos de integração e de resgate do próprio *logos*; a serviço da vida humana e da preservação da integridade da criação.

O imperativo categórico da era ecológica?

Qual é o paradigma que vai redefinir o sentido da civilização emergente? Qual é a palavra que vai denotar a nova estrela-guia? Chamamos de paradigma àquele conjunto de saberes, convicções, ideias poderosas, visões, sonhos e utopias que estruturam uma sociedade determinada. Esse paradigma é o horizonte de um sentido globalizador.

Normalmente, o novo paradigma surge do bojo de uma grande crise. Por isso ele possui o condão de se apresentar como uma nova esperança, um caminho de salvação, uma manhã depois de uma terrível noite de pesadelos, depois de "una noche terrible y escura", de que fala o místico S. João da Cruz.

O paradigma, uma vez emerso, transforma-se numa certeza cotidiana, na atmosfera das evidências existenciais, e mergulha para o inconsciente coletivo. Só então se transforma na convicção geral, no elemento evidente e inquestionável de uma sociedade. Aquilo que não precisa ser explicado e que explica todas as demais coisas.

O paradigma deve responder à pergunta fundamental que todos fazem, deve atender às demandas impostergáveis, deve produzir desafogo e sentimento de segurança e orientação.

Épocas houve em que a questão básica na agenda humana era: de onde viemos? para onde vamos? que estamos fazendo na Terra? E aqui topamos com o universo mítico que sempre de novo apresenta e reapresenta tais questões. Os gnósticos foram mestres desse questionamento. Outras épocas houve em que as pessoas se perguntavam angustiadas: que podemos saber? Emmanuel Kant forjou toda a sua filosofia para fundar um saber compatível com a revolução das ciências experimentais, estabelecendo as precondições teóricas para todo e qualquer conhecimento. Que podemos esperar?, perguntavam-se os contemporâneos, assustados, diante da moderna máquina de morte com um potencial destruidor nunca visto desde o princípio do mundo.

Hoje, em face da crise ecológica mundial, a grande pergunta é: como devemos viver? Como nos relacionar com a Terra para preservá-la, não a ameaçar e garantir a nossa própria vida e a vida e existência de todos os demais seres que vivem na Terra?

A resposta só pode ser: "vive de tal maneira que não destruas as condições de vida dos que vivem no presente e as dos que vão viver no futuro. Ou positivamente: vive no respeito e na solidariedade para com todos os companheiros de vida e de aventura terrena, humanos e não humanos, e cuida para que todos possam continuar a existir e a viver, já que todo o universo se fez cúmplice para que eles existissem e vivessem e chegassem até o presente".

Esse é o novo imperativo categórico do *ethos* da humanidade na era ecológica e diante da ameaça global ao sistema da vida.

Precisamos aprofundar essa categoria de vida para podermos apreciar sua riqueza e a nova radicalidade que ela funda.

A história da vida a partir da história da Terra

As ciências da Terra e os conhecimentos advindos da nova cosmologia nos habituaram a situar todas as questões no quadro da grande evolução cósmica. Tudo está em processo de gênese, de nascimento. Por isso, devemos falar antes em cosmogênese que em cosmologia; antes em antropogênese que em antropologia. Todos os eventos emergem de um fundo comum e se orientam, pela seta do tempo, para um destino comum.

Assim também é com a vida, a realidade mais complexa e misteriosa do universo. Ela irrompeu, um dia, no nosso planeta Terra. O que possui a Terra que outros planetas de nosso sistema solar não possuem? Ela possui algumas qualidades específicas que permitem um equilíbrio das forças gravitacionais e eletromagnéticas, somado a uma posição, em relação ao Sol, favorável à manutenção de uma temperatura adequada ao surgimento das moléculas complexas presentes na vida.

Durante bilhões de anos, aquecida pelo Sol, nela só existia um imenso mar de lava em fusão. Vapores e gases se desprendiam dele, formando nuvens imensas. Elas lentamente foram se densificando. Deram origem à primeira atmosfera terrestre, composta de gás carbônico, amoníaco, nitrogênio e hidrogênio. Após milhões de anos, ela começou a esfriar. A lava endureceu e surgiu o primeiro solo. As nuvens atmosféricas se condensaram. Caíram as primeiras chuvas torrenciais, os mais variados líquidos. Parte permanecia no solo, parte evaporava para alimentar a atmosfera e cair de novo ao solo. Elas duraram ininterruptamente séculos e séculos. Delas se formaram os oceanos, os imensos lagos interiores, os rios e todos os mananciais hídricos.

Gigantescas tempestades elétricas com imensos relâmpagos durante milhões de anos cruzaram os céus e atingiram toda a Terra. Estruturaram-se os compostos químicos que possibilitaram à cosmogênese avançar. Ao mesmo tempo, por algumas centenas de milhões de anos, a Terra foi vítima sistemática de colisões fantásticas de meteoros e planetoides.

Há quatro bilhões de anos, nos oceanos, sob a ação de tempestades inimagináveis de raios, de elementos cósmicos vindos especialmente de Tiamat (a grande estrela primordial da qual proveio o Sol), do próprio Sol em interação com a geoquímica, formada durante séculos, a Terra levou até a exaustão a complexidade das formas inanimadas. De repente, ultrapassou-se a barreira até então jamais transposta: estruturaram-se cerca de 20 aminoácidos. São moléculas articuladas, os tijolos básicos do edifício da vida. Como num imenso relâmpago que cai sobre o mar, irrompeu a primeira célula viva. A criança recém-nascida foi batizada com o nome de Áries (primeiro signo do zodíaco, relativo aos que nascem entre 21 de março e 19 de abril: carneiro mitológico que salvou crianças condenadas ao sacrifício). Como um salto qualitativo em nosso espaço-tempo curvo, num canto de nossa galáxia, num sol secundário, num planeta de *quantité negligeable*, a Terra, emergiu a grande novidade: a vida. Áries é o ancestral de todos os seres vivos por nós conhecido.

Depois eclodiram as bactérias (que povoam cada organismo vivo e se contam em bilhões de espécies; somente uma colherada de solo contém cerca de 50 bilhões delas) e micróbios e toda a riquíssima biodiversidade de plantas, animais e seres humanos. A Terra precisou ainda de milhões de anos para se solidificar, garantir as condições para que a vida continuasse, apesar de todos os assaltos cósmicos e extinções em massa a que poderia estar sujeita. Com uma identidade já constituída, ela resistiria e faria seu percurso através do tempo. Como se fora uma praga, a vida jamais foi extinta, sempre sobreviveu às grandes dizimações em massa que ocorreram nos últimos 500 milhões de anos.

Vejamos, rapidamente, a lógica interna que permitiu a eclosão da vida a partir da matéria/energia cósmica. À medida que avançam em seu processo de expansão, a matéria e a energia do universo tendem a se tornar cada vez mais complexas. Quer dizer, encontramos sistemas abertos cuja organização interna permite galgar patamares mais altos de complexidade. Isso significa: cada sistema se encontra num jogo de interação, numa dança de troca de matéria e de energia, num diálogo permanente com o seu meio, do qual recebe, acumula e troca informações. Os sistemas são flutuantes e não estabelecidos de uma vez por todas.

Biólogos e bioquímicos, como Ilya Prigogine (prêmio Nobel em química, 1977), afirmam que vigora uma continuidade entre os seres abióticos e bióticos; vale dizer, entre os seres vivos e inertes. Não precisamos recorrer a um princípio transcendente e externo para explicar o surgimento da vida, como o fazem, comumente, as religiões e a cosmologia clássica. Basta que o princípio de "complexização" e organização de tudo, também da vida, chamado de princípio cosmogênico, esteja presente na minúscula esfera primordial, esta sim criada por uma inteligência suprema, um infinito amor e uma eterna paixão.

Efetivamente, esse princípio já funciona no primeiríssimo momento, após a fase inflacionária, em seguida à grande explosão: tudo, desde o início, interage e estabelece um diálogo criador com tudo o que está em torno. O universo se cria e se diferencia a partir da energia e da matéria iniciais, à medida que avança. Nele atuam continuamente o princípio cosmogênico e a autopoiese, responsáveis pela evolução e emergência de todos os seres.

A vida, pois, representaria a realização de uma possibilidade presente na própria matéria e energia originárias. Efetivamente, tal evento maravilhoso ocorreu num minúsculo planeta do sistema solar, que é a nossa ainda nova Terra. Mas a Terra não detém o privilégio da vida. Segundo Christian de Duve, prêmio Nobel de biologia (1974):

> Há tantos planetas vivos no universo quanto há planetas capazes de gerar e sustentar a vida. Uma estimativa conservadora eleva o número à casa dos milhões. Trilhões de biosferas costeiam o espaço em trilhões de planetas, canalizando matéria e energia em fluxos criativos de evolução. Para qualquer direção do espaço que olhemos há vida (...). O universo não é o cosmo inerte dos físicos, com uma pitada a mais de vida por precaução. O universo é vida com a necessária estrutura à sua volta; consiste principalmente em trilhões de biosferas geradas e sustentadas pelo restante do universo. (*Poeira vital: a vida como imperativo cósmico*, Rio de Janeiro, 1997, 383 p.)

Descrevemos, rapidamente, acima, a emergência da primeira célula viva, Áries, a partir dos 20 aminoácidos existentes no mar. Estes se organizaram em estruturas estáveis e deram origem às proteínas, aos glicídios, aos lipídios e aos ácidos nucleicos, principais constituintes dos organismos vivos.

Do código do ácido nucleico surgiu a molécula DNA, que se encarrega de reproduzir cópias de si mesma, e a RNA, que também se reproduz, mas cuja função específica consiste em transmitir a informação genética indispensável para a produção das proteínas necessárias à alimentação da vida. Esses sistemas químicos estabilizaram-se, conglomeraram-se, formando, na água, moléculas maiores. Deles originaram-se os coloides (espécies de geleias mais ou menos fluidas), que absorvem moléculas orgânicas do meio ambiente. Acumularam internamente mais energia e formaram uma membrana pela qual se protegiam do meio e selecionavam os materiais necessários para manter seu equilíbrio.

A origem da eclosão da vida continua sempre misteriosa, porque nela entram inúmeros fatores cósmicos e planetários. Por um lado, existe um *continuum* complexo de natureza físico-química, mas esse *continuum* é entrecortado por saltos, como, por exemplo, a separação entre meio interno e meio externo, as trocas de energia e, principalmente, o salto de uma organização química a uma autoecorreorganização, munida de informações (cadeia DNA) que lhe permitem continuamente se auto-organizar, autorreparar, autorreproduzir em diálogo com o meio ambiente (cf. E. Morin, *Terre-Patrie*, Paris, 1993, p.53; Jantsch, E., *The self-organizing universe: scientific and human implications of the emerging paradigm of evolution*, N. York, 1980).

Tudo parece secundar a hipótese de acordo com a qual a vida resulta de um processo de evolução altamente complexo que criou grandes probabilidades, associadas a acumulações de convergências que propiciaram essa eclosão única. Um dos descobridores da cadeia DNA/RNA, o prof. Crick, levanta a hipótese da origem extraterrestre da vida. É mérito da astronomia, na faixa milimétrica, ter identificado mais de 60 espécies de moléculas diferentes no gás interestelar, especialmente nos discos achatados, feitos de poeira, ao redor das estrelas jovens. Essas moléculas vão desde as mais simples, como as de hidrogênio e monóxido de carbono, até moléculas complexas, como o etanol e as cadeias acetilênicas longas. No conjunto das moléculas identificadas encontra-se tudo o que se acredita ser essencial para dar início ao processo de síntese biológica (Longair, M. *As origens do nosso universo*, Rio de Janeiro, 1994, pp. 65-6). Nos meteoritos encontraram-se aminoácidos. Estes, sim, são os eventuais portadores das arquibactérias da vida. Houve, provavelmente, vários começos da vida, muitos, possivelmente, frustrados, até que um definitivamente pôde firmar-se e perdurar.

Presume-se que as mais diversas formas de vida originaram-se todas de um único vivente, Áries, há quatro bilhões de anos. Ele se reproduziu, transformou-se, difundiu-se a todos os quadrantes, adaptou-se aos mais diversos ecossistemas, nas águas, nos solos, nos ares. Há cerca de 600 milhões de anos começou a se formar uma espantosa diversificação de formas de vida, plantas, invertebrados e vertebrados, répteis e mamíferos (Wilson, O. E., *A diversidade da vida*, São Paulo, 1994). Com os mamíferos surge uma nova qualidade da vida, a sensibilidade emocional, na relação sexual e na relação mãe-filho, o que marcará indelevelmente a estrutura psíquica dos viventes com sistema nervoso central. Dentre os mamíferos, há cerca de 70 milhões de anos, destacam-se os primatas, e depois, por volta de 35 milhões de anos, os primatas superiores, nossos avós genealógicos, e há 17 milhões de anos, nossos predecessores, os hominídeos, para, por fim, há cerca de 8-10 milhões de anos, emergir na África o ser humano, o australopiteco (Reeves, H. e outros, *A mais bela história do mundo*, Petrópolis, 1998).

O homem/mulher é o derradeiro rebento da árvore da vida, a expressão mais complexa da biosfera, que, por sua vez, é a expressão da hidrosfera, da geosfera, enfim, da história da Terra e do universo. Não vivemos apenas sobre a Terra. Somos filhos e filhas da Terra, mas também membros do imenso cosmos. Os bilhões de partículas que entram na composição de nossa identidade surgiram há 15 bilhões de anos: outras peregrinaram pelo universo há milhões de anos, vindas das estrelas mais distantes; os átomos de carbono, indispensáveis à vida terrestre, formaram-se na fornalha turbilhante dos sóis anteriores ao nosso Sol. O *Homo sapiens, sapiens/demens*, do qual somos herdeiros imediatos, emergiu, finalmente, há 50 mil anos, carregando no tecido de seu corpo e nas incisões da sua psique a história bilionária de todo o universo.

As características da vida são a *auto-organização*: as partes estão num todo orgânico, continuamente se estruturando, fazendo que as funções sejam diferenciadas, articuladas e complementares; a *autonomia*: cada ser existe em si, possui sua identidade, que se autoconstrói permanentemente, mas ao mesmo tempo existe a partir dos outros e para os outros, sempre interagindo com o meio; *adaptabilidade ao meio*: por ela, garante seu equilíbrio frágil, troca energia e matéria com o meio circundante, sobrevive e expande o sistema da vida; *reprodução*: é a qualidade originalíssima da vida, pois se transmite idêntica a si mesma dentro de uma mesma espécie; e, por fim, a *autotranscendência*: como um sistema aberto a novas sínteses, a novos patamares de evolução e a novas formas de expressão.

Ilya Prigogine caracterizou os seres vivos como "estruturas dissipativas". Com essa expressão, quis qualificar sua característica dinâmica. São sistemas abertos, com um equilíbrio continuamente sendo refeito mediante sua auto-organização e um nível cada vez mais elevado de ordem interna. Os seres vivos consomem energia do meio e, com isso, geram entropia (segunda lei da termodinâmica). Dissipam as forças que levam a uma crescente desordem (daí a expressão "estruturas dissipativas") até o caos total. A tendência dos seres vivos é serem cada vez mais ordenados e criativos e, por isso, antientrópicos. A própria desordem é indício de uma nova ordem que vai emergir. O caos é generativo e se ordena sempre a um cosmos.

A partir da vida, a matéria não aparece como algo inerte. Cada partícula que entra na formação da vida possui uma história (daí a importância do tempo, junto com as quatro energias fundamentais e as demais constantes cosmogênicas universais), fruto das interações com outras partículas e das mudanças irreversíveis. Por isso a matéria é interativa e possui interioridade e vida.

A vida não é fruto do acaso (contra Jacques Monod, *O acaso e a necessidade*, Petrópolis, 1979). Bioquímicos e biólogos moleculares mostraram (graças aos computadores de números aleatórios) a impossibilidade matemática do acaso puro e simples. Para que os aminoácidos e as 2.000 enzimas subjacentes pudessem se aproximar, constituir uma cadeia ordenada e formar uma célula viva, seria necessário mais tempo — trilhões e trilhões de anos mais do que atualmente o universo tem. As possibilidades são de 10 em potência, 1.000 contra um. O assim chamado acaso é uma expressão do princípio de indeterminação da física quântica, introduzido por Werner Heisenberg, segundo o qual as partículas elementares nunca são previamente determinadas, mas existem como probabilidades abertas a serem realizadas ou não.

A consciência como forma mais alta de vida

Como o universo, assim a vida e cada ser possuem sua genealogia. Da mesma forma, a consciência, que constitui a expressão mais alta da vida. Ela também tem o seu lugar dentro do universo e é uma expressão da matéria e energia primordiais em densíssimo grau de complexidade, "relacionalidade" e sutileza. Nesse sentido, possui a mesma ancestralidade que o cosmos.

A consciência seria uma relação entre partículas elementares (em seu aspecto, onda), tão complexa e de tal intensidade, que todas elas se sobreporiam, criando um todo unitário estável, como aquele momento em que o ser humano se dá conta de que está conectado com o todo do qual ele é parte e parcela.

Somos, portanto, feitos do mesmo material e fruto da mesma dinâmica cosmogênica que atravessa todo o universo. O ser humano, pela consciência, encaixa-se plenamente no sistema geral das coisas. Ele não está fora do universo em processo de ascensão. Encontra-se dentro, como um momento singular, capaz de captar a totalidade, de saber de si, dos outros, de senti-los e de amá-los no interior dessa totalidade desbordante.

Pressupostos para uma ética da vida

Assim, como uma estrela não brilha se não houver aura, assim também uma ética não emerge se não houver previamente uma ambiência que permita sua formulação. O *ethos* assume então seu caráter originário de hábitat humano, aquela parte do mundo que foi domesticada, amada, organizada para ser a casa do ser humano, onde ele reencontra um útero protetor. Essa ambiência é formada pela ternura e pelo cuidado.

Ternura e cuidado: exigências da vida

Essas atitudes fundamentais, verdadeiros modos de ser, são atualmente de suma importância, porque entramos na fase em que a vida sofre sua maior ameaça e, ao mesmo tempo, em que os indicadores apontam para um patamar mais alto de realização da vida: a emergência da noosfera e de uma única sociedade mundial. Por noosfera, expressão criada por Teilhard de Chardin, entende-se a nova esfera humana caracterizada pelo espírito de comunhão e de "amorização" entre os humanos e deles para com a Terra. Trata-se de um processo em curso, cheio de contradições, recuos e desvios, mas que, apesar disso, mostra uma força de realização irreprimível.

Por um lado, assistimos a intervenções maciças no sistema da vida, das bactérias, dos vírus, das plantas, dos animais e dos seres humanos. Inicia-se a interferência no código genético, livro que a natureza escreveu ao largo e ao longo de milhões e milhões de anos. Abrem-se novas possibilidades para a saúde e para a expectativa de vida. Mas pode haver, por interesses de lucro, grande irresponsabilidade e total falta de respeito e de veneração para com o trabalho milenar do universo ao manipular genes que podem provocar desequilíbrios ecológicos sem precedentes. Junto a esses avanços, verifica-se a ação da barbárie, que banaliza a vida com os extermínios em massa por razões étnicas, por fome e doenças crônicas, perfeitamente evitáveis. A agressão implicada no tipo de desenvolvimento ainda imperante sacrifica, a cada dia, 10 espécies de animais e 50 de vegetais. A seguir essa lógica, no ano 2000 serão dez por hora. Há uma máquina de morte contra a vida na Terra e contra o macro-organismo Gaia. Importa defender e garantir a permanência do maior sucesso da cosmogênese: a produção e a reprodução da vida.

A vida, como vimos, é frágil e vulnerável. Está à mercê do jogo entre o caos e o cosmos. A atitude adequada para a vida é o cuidado, o respeito, a veneração e a ternura. São as atitudes que derivam da experiência do Sagrado e da descoberta do Mistério do universo e do próprio coração.

Por causa disso, é fundamental a centralidade do *pathos*, a recuperação do *eros* e a re-invenção da lógica do coração. São essas atitudes que nos abrem à sensibilização da importância da vida. Elas implicam a mudança do paradigma cultural vigente, assentado sobre o poder-dominação, e a introdução de um paradigma de convivência cooperativa, de sinergia, de enternecimento por tudo o que existe e vive. Em razão dessa viragem, urge redefinir os fins inspirados na vida e adequar os meios para esses fins. Só assim a vida ameaçada terá chance de salvaguarda e promoção.

Dois postulados para uma ética da vida

Dois pressupostos parecem se impor nessa visão que arranca a centralidade da vida. O primeiro consiste em considerar valor supremo a salvaguarda de Gaia. Se ela não subsistir e persistir, desaparecem as bases para quaisquer outros valores. Frustram-se o projeto cultural, o projeto político mundial, o projeto humano. Não haverá futuro sem a garantia do presente. O segundo consiste em conservarmos as condições planetárias, bioatmosféricas, biossociológicas e espirituais para a realização pessoal e coletiva da espécie humana. É por ela que o universo avança rumo à noosfera e a formas cada vez mais sintrópicas.

Tais valores, em si evidentes, não encontraram ainda suficiente eco na consciência coletiva da humanidade e nos organismos de sua gestão. Esses dois princípios se desdobram em outros dois: a solidariedade planetária e o contrato "generacional".

A solidariedade planetária

Parte-se da plausibilidade da hipótese Gaia. A Terra, com todos os seus seres e organismos, está viva, mas doente e contaminada. A solidariedade planetária procura resgatar a tradição da solidariedade que se criou na luta dos oprimidos do mundo inteiro e que ganhou expressão política, cultural e ética no socialismo e no internacionalismo da causa dos oprimidos. Agora não se pode mais restringir a solidariedade para com os oprimidos e excluídos. Em primeiro lugar, vem a Terra como um todo, pois ela demanda um cuidado especial para ser curada e poder possibilitar a vida para todos. Ser solidário para com ela é reconhecer-lhe a autonomia e respeitar os recursos que ela mesma usa para se refazer e se autocurar. Em seguida, trata-se de cuidar dos seres mais ameaçados. Estes são os empobrecidos, marginalizados e vitimados por mecanismos de opressão e sacrifício de pessoas, implicados no modelo econômico-social dominante. Ser solidário para com esses seres humanos implica, hoje, questionar o tipo de sociedade agora globalizado, cuja lógica de funcionamento produz tantos excluídos.

Ademais, importa também solidarizar-se com outros organismos vivos ameaçados e em extinção. Quando uma espécie desaparece, é um livro da biblioteca do universo, com todas as mensagens que contém, que desaparece também.

Essa preocupação nos obriga a alargar o conceito de democracia. Ela deverá ser social e cósmica. Deverá incluir outros viventes, além dos humanos, como as aves, os animais, as águas, as pedras, as paisagens de uma cidade... Todos eles possuem subjetividade, são portadores de direitos, convivem com os seres humanos e participam do mesmo destino comum.

Outros valores dão corpo a esse novo paradigma, como a importância da concidadania, a "convivialidade", a sinergia, a cooperação, a parceria, a mutualidade, a "subsidiariedade", a simplicidade, a compaixão, a preferência pelo pequeno e natural, a complementaridade e a inclusão de todos.

Basta tomarmos consciência de que estamos todos dentro de uma única nave espacial, a Terra, e de que participamos do mesmo destino para nos convencermos de nossa solidariedade e interdependência.

O contrato "generacional"

Ao utilitarismo vastamente difundido de nossa cultura da eficiência e do lucro importa opor uma ética da justiça societária, como bem a elaborou John Rawls com o seu clássico *Teoria da justiça*. Rawls diz que a centralidade ética deve ser ocupada pela liberdade e pela igualdade de oportunidades oferecidas para todos. Não podemos exercer um tipo de liberdade sem levar em conta os outros e os possíveis danos à natureza, que afetam a todos. A liberdade deve conviver com a liberdade de todos os outros. Caso contrário, ofende-se a justiça. A oportunidade para todos se realizarem como pessoas e seres sociais exige uma participação equitativa e adequada dos bens naturais, culturais e tecnológicos. Sem isso, agride-se novamente a justiça mínima.

Essa visão se impõe em face daqueles que ainda não nasceram. Eles, como humanos e nossos descendentes, têm o direito de receber uma Terra minimamente conservada, um ar minimamente puro, águas minimamente potáveis, uma qualidade de vida que produza alegria de viver. Impõe-se um contrato "generacional". Ele deve ser respeitado, por amor àqueles que nos perenizam e perpetuam na história, nossos filhos e filhas e nossos companheiros de caminhada planetária. Essa solidariedade "generacional" nos convida a superar o egoísmo coletivo e a aprender a amar o invisível e aquilo que ainda não é, a humanidade futura.

Em função da vida, para sua preservação e potenciação se ordenam todas as demais instâncias, forças, mecanismos e instituições da sociedade: a economia, a política, a cultura e a religião. O que tem futuro garantido é a vida, pois ela, fundamentalmente, não é nem temporal, nem vegetal, nem animal, nem humana. A vida é eterna. Veio do mistério do universo, passa por nós e retorna ao seio desse mesmo mistério vivo, fonte de toda a vida.

5. Nova cosmologia, Deus e espiritualidade

Cada grande virada no eixo da história, em todas as culturas, produz uma nova cosmologia. Por cosmologia entendemos a imagem do mundo que uma sociedade faz para si, fruto da *ars combinatoria* dos mais variegados saberes, tradições e intuições. Essa imagem serve de orientação geral e confere a harmonia necessária à sociedade, sem a qual as ações se atomizam e perdem o seu sentido dentro de um sentido maior. Atualmente, assistimos à penetração cada vez maior de uma nova cosmologia, e, com ela, dá-se uma redefinição daquilo a que chamamos Deus. Cada cosmologia, como produz uma imagem do ser humano, produz também uma projeção de Deus.

Na nossa cultura ocidental, a cosmologia antiga projetava o mundo como uma imensa *pirâmide*. Os seres se hierarquizavam, dos mais simples aos mais complexos (pedras, plantas, animais, seres humanos e anjos/demônios), até culminarem em Deus.

Imagens cosmológicas e imagens de Deus

A cosmologia clássica, oriunda da física e da matemática modernas, de Newton, Copérnico e Galileu Galilei, criou a imagem do mundo como uma *máquina*, precisamente um sofisticado relógio. Tudo, segundo ela, é regido por leis determinísticas que funcionam articuladas entre si, dando conta da harmonia sinfônica do universo. Deus é o ser que pôs em marcha essa máquina arquitetônica.

A Idade Contemporânea projetou outra imagem do mundo, qual *jogo* ou *dança* ou *arena*. Essa visão resulta da articulação dos muitos saberes que caracterizam a visão atual. A partir da física quântica, da biologia combinada com a termodinâmica, da psicologia transpessoal, do conjunto dos saberes que vêm das ciências da Terra e da ecologia, a realidade cósmica é representada como uma rede complexíssima de energias que se consolidam e que então se chama matéria ou se mostra como energia pura, formando campos energéticos e mórficos. Como numa dança ou num jogo, todos coparticipam e se inter-retrorrelacionam.

Em cada cosmologia apresenta-se também a questão do fundamento último, da referência essencial, daquele elo que tudo harmoniza. Tomás de Aquino diria: "*et hoc dicitur Deus*" ("a isso chamamos Deus"). Efetivamente, as religiões chamam a essa realidade inefável de Deus ou de outras mil designações para nominarem a questão essencial.

Na cosmologia do mundo-pirâmide, Deus é visto como o supremo Ser. Naquela do mundo-relógio, como o grande Arquiteto. Na nossa, do mundo-jogo-dança, que imagem emerge de Deus? É tarefa desta reflexão não antecipar uma resposta feita, mas tentar construir uma representação da Divindade que se coadune com a nossa cosmologia e, ao mesmo tempo, se entronque com a história espiritual da humanidade.

A ecologia, como a entendemos hoje, engloba os saberes atuais, funda uma nova centralidade nas práticas e no pensamento humanos e propicia a gestão de uma nova aliança do ser humano com a realidade circundante, social, terrena e cósmica. Por isso, pensamos que é a partir dela que se constela a nova cosmologia. Ela origina uma espiritualidade e uma nova experiência de Deus. Como emergem?

Os conteúdos doutrinais e éticos representam a positividade de uma tradição espiritual ou religiosa. Eles dão corpo ao fenômeno religioso como um fenômeno histórico-social. Entretanto, importa captar a experiência originária que se oculta por trás dessa positividade. Realizar essa diligência é tocar na espiritualidade. Tem relação com uma realidade protoprimária, uma verdadeira experiência fundante. É mais que uma ética. A ética degenera em código de preceitos e hábitos de comportamento, e a ecologia profunda corre o risco de perder-se em seu fascinante mundo simbólico interior se ambas não forem expressão de uma experiência radical de sentido, de onde emergem a espiritualidade e a mística.

O que é espiritualidade

Quando falamos aqui em espiritualidade, pensamos numa experiência de base onienglobante com a qual se capta a totalidade das coisas exatamente como uma totalidade orgânica, carregada de significação e de valor. Espírito, em seu sentido originário, donde vem a palavra *espiritualidade*, é a qualidade de todo ser que respira. Portanto, é todo ser que vive, como o ser humano, o animal e a planta. Mas não só. A Terra toda e o universo são vivenciados como portadores de espírito, porque deles vem a vida e são eles que fornecem todos os elementos para a vida e mantêm o movimento criador e auto-organizador.

Espiritualidade é aquela atitude que põe a vida no centro, que defende e promove a vida contra todos os mecanismos de diminuição, de estancamento e de morte. O oposto ao espírito, nesse sentido, não é o corpo, mas a morte e tudo o que estiver ligado ao sistema da morte, tomada em seu sentido amplo, de morte biológica, morte social e morte existencial (fracasso, humilhação, opressão). Alimentar a espiritualidade significa estar aberto a tudo o que é portador de vida, cultivar o espaço interior de experiência a partir de onde todas as coisas se ligam e re-ligam, superar os compartimentos estanques, captar a totalidade e vivenciar as realidades para além de sua facticidade opaca e, por vezes, brutal, como valores, evocações e símbolos de uma dimensão mais profunda. O homem/mulher espiritual é aquele que pode perceber sempre o outro lado da realidade, que é capaz de captar a profundidade que se re-vela e vela em todas as coisas e consegue entrever a referência de tudo com a Última Realidade.

A espiritualidade parte não do poder, nem da acumulação, nem do interesse, nem da razão instrumental. Arranca da razão emocional, sacramental e simbólica; nasce da gratuidade do mundo, da relação inclusiva, da comoção profunda, do sentido de comunhão que todas as coisas guardam entre si, da percepção do grande organismo cósmico, pervadido de acenos e sinais de uma Realidade mais alta e última.

Hoje nós somente chegamos a esse patamar mediante uma crítica severa do paradigma da modernidade, assentado na razão instrumental analítica, a serviço da vontade de poder sobre os outros e sobre a natureza. Precisamos ultrapassá-lo e incorporá-lo numa totalidade maior. A crise ecológica revela a crise do sentido fundamental de nosso sistema de vida, de nosso modelo de sociedade e de desenvolvimento.

Não podemos mais nos apoiar no poder como dominação e na voracidade irresponsável da natureza e das pessoas. Não podemos mais pretender estar acima e sobre as coisas do universo, mas junto com elas e a favor delas. O desenvolvimento deve ser com a natureza, e não contra a natureza. O que deve ser globalizado atualmente é menos o capital, o mercado, a ciência e a técnica. O que deve, fundamentalmente, ser mais globalizado é a solidariedade para com todos os seres, a partir dos mais afetados; a valorização ardente da vida, em todas as suas formas; a participação como resposta ao chamado de cada ser humano e à dinâmica mesma do universo; a veneração para com a natureza da qual somos parte, e a parte responsável. A partir dessa densidade de ser, podemos e devemos assimilar as ciências e as técnicas como formas de garantirmos o ter e de mantermos ou refazermos os equilíbrios ecológicos, e de satisfazermos equitativamente nossas necessidades de forma suficiente e não perdulária.

Os mestres do *ethos* moderno de relação pessoa-natureza nos desviaram do reto caminho. René Descartes ensinava em sua teoria da ciência (*Discurso do método*) que a vocação do ser humano reside em sermos "mestres e donos da natureza". Outro mestre fundador, Francis Bacon, expressou sinistramente o sentido do saber: "saber é poder". Poder sobre a natureza, completava ele, significa "amarrá-la ao serviço humano e fazê-la nossa escrava, colocá-la na cama de Procusto, torturá-la até que ela nos entregue todos os segredos".

Precisamos revisitar outros mestres que fundaram outra tradição espiritual mais integradora e que inauguraram uma nova suavidade para com a natureza, a exemplo de São Francisco de Assis, Teilhard de Chardin, Mahatma Gandhi e toda a grande tradição platônico-agostiniano-bonaventuriano-pascaliana e existencialista. Para todos eles, conhecer nunca era um ato de apropriação e domínio sobre coisas, mas uma forma de amor e de comunhão. Eles valorizaram a emoção como caminho para o mundo e forma de experiência da divindade. Bem escreveu Blaise Pascal: "Eis o que é a fé: Deus sensível ao coração, e não à razão".

Um tipo de espiritualidade: a ecologia profunda

O atual estado do mundo (poluição do ar, contaminação da terra, pobreza de 2/3 da humanidade etc.) revela o estado da psique humana. Estamos doentes por dentro. Assim como existe uma ecologia exterior (os ecossistemas em equilíbrio ou desequilíbrio), existe também uma ecologia interior. O universo não está apenas fora de nós. As violências e agressões ao meio ambiente lançam raízes fundas em estruturas mentais que possuem sua genealogia e ancestralidade dentro de nós.

As coisas todas estão em nós como imagens, símbolos e valores. O sol, a água, o caminho, as plantas e os animais vivem em nós como figuras carregadas de emoção e como arquétipos. As experiências benfazejas, traumáticas e inspiradoras que a psique humana fez em sua longa história, em contato com a natureza e também com o próprio corpo, com as mais diversas paixões, com os outros enquanto masculino e feminino, enquanto pai e mãe, avós, tios e irmãos e irmãs deixam marcas no inconsciente coletivo e na percepção de cada pessoa. Há uma verdadeira arqueologia interior da qual os psicanalistas do profundo organizaram um minucioso código de leitura e decifração. Sabemos que o processo de individuação se faz em diálogo com as figuras do pai, da mãe, dos familiares, da casa, do meio ambiente, dos seres e objetos carregados de significação, que pode ser positiva ou negativa.

Certamente, em seu afã de sobrevivência, numa fase ancestral perigosa, no confronto com a natureza, o ser humano teve de desenvolver seu instinto de agressividade, bem como em situações mais amenas pôde dar curso às suas potencialidades de convivência e apoio mútuo. Tais matrizes comportamentais deixam vincos no universo interior do ser humano e nas reações coletivas de um povo. Outras vezes é o processo de personalização individual que deixa resquícios em comportamentos atuais. Assim, por exemplo, na experiência de cada um, existem o "seu mundo", o corpo, a família, a casa, o espaço da subjetividade. Esse âmbito é mantido cuidado e limpo. Para além dele, existem o vazio, a realidade amorfa e o indeterminado. Aí podem-se descarregar dejetos e descuidar de sua preservação, pois tem-se a impressão de que tais espaços não existem ou que ninguém nos vê. Em razão disso, entendem-se os hábitos culturais de lançar o lixo em lugares ermos, nos lagos e mares, aparentemente sem dono.

Para a psicologia infantil, o que não se vê não existe. No adulto, pode permanecer como resquício dessa visão a ideia de que um objeto não mais visível já não existe. Por isso, lança ao fundo do mar ou soterra rejeitos tóxicos ou nucleares com a sensação ilusória de tê-los eliminado realmente.

A cultura do capital, hoje imperante no mundo, elaborou métodos próprios de construção coletiva da subjetividade humana. Na verdade, os sistemas, também os religiosos e ideológicos, somente se mantêm porque conseguem penetrar na mente das pessoas e construí-las por dentro. O sistema do capital e do mercado conseguiu penetrar em todos os poros da subjetividade pessoal e coletiva, logrou determinar o modo de viver, de elaborar as emoções, de relacionar-se com os outros, com o amor e a amizade, com a vida e com a morte. Assim se divulga subjetivamente o sentimento de que a vida não tem sentido se não vier dotada de símbolos de posse e de status, como um certo nível de consumo de bens, a posse de certos aparelhos eletrônicos, de carros, de certos objetos de arte, de moradia em locais de prestígio.

Os vários sistemas fabricam socialmente o indivíduo adequado a ele, com as virtudes que o reforçam e com a contenção daquelas forças que poderiam deixá-lo em crise ou que lhe permitiriam elaborar uma alternativa. Herbert Marcuse falava acertadamente da fabricação moderna do homem unidimensional. Em vez de ensinar o controle sobre os impulsos naturais do ser humano, o sistema incentiva alguns, realizando-os de forma intencionalmente empobrecida, e a outros simplesmente recalca. Assim, a sexualidade vem projetada como mera descarga de tensão emocional, mediante o intercâmbio dos órgãos genitais. Oculta-se o verdadeiro caráter da sexualidade, cujo lugar não é só a cama, mas toda a existência humana enquanto potencialidade de ternura, de encontro e de erotização da relação homem/mulher.

Outras vezes satisfazem-se necessidades humanas ligadas ao ter e ao subsistir; enfatiza-se o instinto de posse, a acumulação de bens materiais e o trabalho somente como produção de riqueza. Na era tecnológica, verifica-se na psique a invasão dos objetos inanimados, sem nenhuma referência humana; os artefatos criam solidão; os dados da informática e do computador vêm destituídos de tonalidade afetiva. Gera-se o individualismo com personalidades áridas, emotivamente fragmentadas, hostis e antissociais. Os outros são vividos como estranhos e empecilhos à satisfação dos desejos individuais. Oculta-se a outra necessidade fundamental do ser humano, que é a necessidade de ser, de elaborar a sua identidade singular. Aqui não cabem a manipulação e a fabricação coletiva da subjetividade, como tão bem o sublinhou Felix Guatarri em toda a sua produção intelectual, mas a liberdade, a criatividade, a ousadia, o risco de trilhar caminhos difíceis, mas pessoais. Ora, tal dimensão é subversiva aos sistemas de regulação social, moral e religiosa. Mas é a partir deles que o ser humano pode enfrentar-se com o mundo do ter sem cair em sua obsessão e ser vítima de seu fetichismo. Bem dizia o cacique americano Seattle: "Quando a última árvore for abatida, quando o último rio for envenenado, quando o último peixe for capturado, somente então nos daremos conta de que não se pode comer dinheiro".

A ecologia da mente procura recuperar o núcleo valorativo-emocional do ser humano em face da natureza. Procura desenvolver a capacidade de convivência e de escuta da mensagem que todos os seres lançam por sua presença e reforçar a potencialidade de encantamento com o universo em sua complexidade, majestade e grandeza. Ela visa a alentar as energias psíquicas positivas do ser humano para, assim, enfrentar com sucesso o peso da existência e as contradições de nossa cultura dualista, materialista, machista e consumista. Ela favorece o desenvolvimento da dimensão mágica e xamânica de nossa psique. O xamã que habita em cada um de nós entra em sintonia não apenas com as forças da razão, mas também com as forças do universo que se fazem presentes em nós mediante os nossos impulsos, intuições, sonhos e visões. Cada ser humano é, por natureza intrínseca, criativo. Mesmo quando imita ou copia os outros, fá-lo a partir de suas matrizes, conferindo sempre uma nota de sua subjetividade irrepetível.

Destarte, o ser humano abre-se ao dinamismo cósmico originário que tudo leva avante, diversifica, "complexiza" e faz culminar em patamares mais altos de realidade e de vida.

A mente precisa inserir-se conscientemente nesse processo. É sua revolução específica. Sem a revolução na mente, será impossível a revolução na relação pessoa-natureza. A nova aliança entre ser humano e natureza encontra suas raízes na profundidade humana. É lá que se elaboram as grandes motivações, a magia secreta que transforma o olhar sobre cada realidade, transfigurando-a e descobrindo-a como um elo da imensa rede terrena e cósmica.

Moderna cosmologia e espiritualidade

Hoje a preocupação ecológica e especialmente a cosmologia contemporânea (visão do mundo) avizinham-se dessa espiritualidade de integração. Impõe-se uma revolução espiritual como exigência da sensibilidade atual e da gravidade dos problemas que vivemos.

Vejamos algumas contribuições das ciências que reforçam a necessidade de uma revolução reverente.

Segundo a física quântica e a teoria da relatividade, matéria e energia são intermutáveis e equipolentes. Em rigor, a física atômica não conhece mais o conceito *matéria*. O átomo comporta dentro de si um enorme espaço vazio. E as partículas elementares não são outra coisa a não ser energia em altíssimo grau de concentração e de estabilidade. Matéria só existe tendencialmente. A fórmula de Einstein significa fundamentalmente que matéria e energia são dois aspectos de uma mesma realidade.

As partículas subatômicas ora se apresentam como ondas eletromagnéticas, ora como partículas, dependendo do observador. Esses aspectos limitam o campo de validade da lógica linear e do princípio de não contradição. O fator A pode ser A, como pode ser não-A. Niels Bohr introduziu o princípio da complementaridade bem no estilo do pensamento chinês, segundo o qual a realidade se organiza em Yin e Yang (matéria/espírito, feminino/masculino, negativo/positivo etc.). Werner Heisenberg formulou o princípio da indeterminação das probabilidades. As probabilidades transformam-se em realidades mediante a presença do observador, que tanto pode ser um humano ou qualquer outro elemento da natureza que estabeleça uma relação. Porque são probabilidades, abertas a se concretizar ou não, não podem ser descritas. "O ato de observação, por si mesmo, muda a função de probabilidade de maneira descontínua; ele seleciona, entre todos os eventos possíveis, o evento que realmente ocorreu. Portanto, a transição entre o possível e o real ocorreu durante o ato de observação", diz Werner Heisenberg.

Isso significa reconhecer que o sujeito observante influencia o fenômeno observado. Mais ainda. O observador, consoante a física quântica, é imprescindível tanto para a constituição quanto para a observação das características de um fenômeno atômico. O sujeito pertence ao real. Descrevendo o real, estamos nos autoescrevendo. O ser humano é parte constituinte do todo, e sua consciência define constantemente o campo real que observamos.

A nova física estabelece o conceito de mundo como um todo unificado e inseparável. O universo é mais do que o conglomerado de todos os seres existentes. Antes, consiste numa complexíssima rede de relações em todas as direções e de todas as formas, entre todos os seres existentes. Por isso, as leis da física possuem caráter meramente estatístico. E a causalidade não é linear. A realidade A influencia a realidade B, que, por sua vez, retroinfluencia A e também C, sucessivamente, para a frente e para trás.

Em tal visão, tudo é dinâmico. Tudo vibra. Tudo está em processo. Mais que dançantes, existe a permanente dança de energias e elementos.

Segundo a teoria holográfica (espécie de reconstrução e fotografia das ondas, possibilitada pelo raio laser, produzindo o assim chamado holograma), as partes estão no todo e o todo em cada uma das partes. O prêmio Nobel em física David Bohm, a partir disso, propõe a imagem de ordem universal como uma ordem enovelada. Tudo implica tudo, nada existe fora da relação; a relação constitui todas as realidades. O que existe é o holomovimento, um movimento articulado em todas as direções, interconectando todas as partes. Cada um de nós está também envolvido com cada parte e com o todo do universo. Somos, de fato, um único universo no qual tudo tem relação com tudo.

A nova física nos abre novas perspectivas do mundo material. A matéria não é simplesmente matéria, no sentido comum da palavra. A matéria é *mater*, mãe de todo o dinamismo cósmico. Ela vem carregada de interação e intencionalidade. Um dos mais importantes físicos da atualidade, Amit Goswami, sustenta a tese de que o universo é matematicamente inconsistente sem a existência de um princípio ordenador supremo, Deus. Por isso, para ele, o universo é autoconsciente.

De forma semelhante, a biologia contemporânea nos brinda com novas perspectivas sobre a vida. A combinação entre física quântica e biologia enriqueceu nossa compreensão acerca do caráter de sistema dos organismos vivos e do próprio cosmos. Ajuda-nos também a captar melhor a natureza como um todo orgânico. Acenemos apenas para alguns pontos.

A *não linearidade*: não existe, num nível profundo, a relação simples de causa-efeito. O que existe é a teia simultânea e permanente de relações globais.

A *dinâmica*: todas as partes de um sistema estão em permanente movimento. O organismo não encontra sua estabilidade pela fixação de suas leis, mas pela capacidade de adaptação e equilíbrio dinâmico.

O *caráter cíclico*: o crescimento não é linear. Degradação e morte pertencem à vida. A morte é uma invenção da vida. O ciclo propicia a continuidade da vida para além do espaço-tempo, abrindo o indivíduo, portador da vida, para outros patamares mais altos e por nós apenas intuídos, mais do que sabidos. A natureza não é biocêntrica, mas ecocêntrica, pois ela visa ao equilíbrio entre vida e morte, numa perspectiva de manutenção do todo.

A *ordem estruturada*: cada sistema se compõe de subsistemas, e todos são parte de um sistema ainda maior. O ser humano é parte do sistema humanidade. A humanidade é parte do sistema animal; este, do sistema vegetal, enfim, da Terra, que, por sua vez, pertence ao sistema Sol, ao sistema Via Láctea, ao sistema Universo em expansão.

Autonomia e integração: cada sistema é autônomo e, ao mesmo tempo, relacionado; portanto, com identidade própria, mas aberto de tal forma que sempre se encontra num processo de integração com todos os elementos do meio. Darwin estabeleceu a luta pela vida como o princípio de seleção natural. O mais forte sobrevive; portanto, triunfa o princípio da autoafirmação. Essa constatação não representa toda a verdade. Hoje se complementa Darwin com os princípios sinergia, cooperação, solidariedade universal, princípio que responde pela sobrevivência de todos no todo. Não se há de acentuar apenas a diferença e a identidade, mas também a complementaridade e a solidariedade entre todos.

Auto-organização e criatividade: cada sistema complexo, como, por exemplo, o sistema nervoso central, tem a propriedade de se estruturar a si mesmo. À medida que funciona, também vai se estruturando num processo contínuo de aprendizado e de decisão (autopoiese). A criatividade é intrínseca aos seres vivos, e o sentido da evolução é propiciar cada vez mais capacidade de criação. O ser humano é, por excelência, um ser autocriativo e auto-organizativo.

A partir dessas considerações, entende-se que alguns dos mais renomados cientistas representem a Terra como um sistema complexo único, um superorganismo vivo, Gaia. Cada subsistema está ligado a todos os outros. Assim, o soprar dos ventos, o fluir das águas, a migração das espécies, os ciclos de crescimento, amadurecimento, envelhecimento e morte de cada ser vivo, as energias que vêm do Sol e do universo, tudo e tudo se encontra interconectado. Pelo ar que respiramos, estamos unidos a todos os animais, plantas; também com nossos motores, fábricas e chaminés de nossas indústrias.

Além dessas contribuições, temos as achegas vindas da psicologia do profundo, da psicologia transpessoal e da assim chamada nova antropologia. Não podemos detalhar aqui esses enriquecimentos. Todos eles coincidem nisso: o ser humano, biológica e psiquicamente, possui uma ancestralidade com o universo. Há uma ecologia interior e conexões com todas as energias do cosmos que passam por nós, nos marcam e nos interligam com o destino de todos os seres. Como disse um ecólogo norte-americano, Thomas Berry:

> O ser humano, menos que um ser habitando na Terra ou no universo, é sobretudo uma dimensão da Terra e de fato do próprio universo; a formação do nosso modo de ser depende do apoio e da orientação dessa ordem universal; no universo, cada ser se preocupa conosco.

Vigora, pois, uma conspiração benigna entre todos os seres (Ferguson). Não se podem separar as ondas e o mar. Não se pode dissociar a luz de seu brilho, de seu calor e de sua irradiação. Tudo coexiste.

Interiorizar essa realidade, vivenciá-la como experiência, sentir-se inserido e carregado pela dinâmica do universo e do Espírito que a impregna é ser espiritual e elaborar a espiritualidade. Como se depreende, espiritualidade e ciência se implicam e se completam. As pessoas que se orientam pela cosmologia contemporânea mais e mais se confrontam com o planeta como um imenso e complexo organismo. Quando uma parte dele é violada, sofremos também por nossa consciência, pela nossa interioridade, pelas intuições, pelos sonhos, pelas experiências e projeções.

Grandes cientistas se extasiam diante da complexidade do real, diante daquela Força que está por trás da energia cósmica. Há um princípio unificador de todo esse imenso organismo total. Desenvolvem uma profunda religiosidade, sem, com isso, ligar-se a alguma confissão definida. Mais do que religião, eles professam uma espiritualidade cósmica, como exemplarmente a viveu Albert Einstein.

A nova cosmologia e a questão de Deus

Efetivamente, as tradições religiosas e sapienciais da humanidade denominam Deus àquele princípio que tudo cria e ordena. A palavra Deus aponta para o inefável, para aquela Realidade que é antes da realidade. Em rigor, sobre Deus não se pode dizer nada, porque todos os nossos conceitos e palavras vêm depois e derivam do universo. E queremos falar Daquele que é antes do universo. Como? Com razão dizem os que conhecem Deus por experiência, os místicos: ao falarmos de Deus, mais negamos que afirmamos, proferimos mais falsidades do que verdades. Apesar disso, devemos falar Dele com reverência e unção, porque expomos questões que somente apelando para a categoria Deus podem ser, palidamente, respondidas.

Na palavra Deus estão contidos o ilimitado de nossa representação e a utopia suprema de ordem, de harmonia, de consciência, de paixão e de sentido supremo que move as pessoas e as culturas. A palavra Deus somente possui significado existencial se ela encaminhar os sentimentos humanos para essas dimensões, no modo de infinito e de suprema plenitude.

O primeiro que fascina os cientistas é a constatação da harmonia e da beleza do universo. Tudo parece ter sido montado para que, da profundidade abissal de um oceano de energia primordial, devessem surgir as partículas elementares, depois a matéria ordenada, em seguida a matéria complexa que é a vida e, por fim, a matéria em sintonia completa de vibrações, formando uma suprema unidade holística: a consciência.

Como dizem os formuladores do princípio andrópico forte e fraco, Brandon Carter, Hubert Reeves e outros: se as coisas não tivessem ocorrido como ocorreram (a expansão/explosão, a formação das grandes estrelas vermelhas, as galáxias, as estrelas, os planetas etc.), não estaríamos aqui para falar tudo o que estamos falando. Quer dizer, para que pudéssemos estar aqui, foi necessário que todos os fatores cósmicos, em todos os 15 bilhões de anos, tivessem se articulado e convergido de tal forma que fossem possíveis a complexidade, a vida e a consciência. Caso contrário, nós não existiríamos nem estaríamos aqui para refletir sobre tais coisas.

Portanto, tudo está implicado com tudo: quando ergo uma caneta do chão, entro em contato com a força gravitacional que atrai ou faz caírem todos os corpos do universo. Se, por exemplo, a densidade do universo, nos dez segundos após a expansão/explosão, não tivesse mantido seu nível crítico adequado, o universo jamais poderia ter se constituído, a matéria e a antimatéria ter-se-iam anulado e não haveria coesão suficiente para a formação das massas e, assim, da matéria.

Constata-se uma minuciosa calibragem de medidas, sem as quais as estrelas jamais teriam surgido ou a vida eclodido no universo. Por exemplo, caso a interação nuclear forte (aquela que mantém a coesão dos núcleos atômicos) tivesse sido 1% mais forte, jamais se formaria o hidrogênio, que, combinado com o oxigênio, nos dá a água, imprescindível aos seres vivos. Se fosse aumentada, apenas por um pouco, a força eletromagnética (que confere coesão aos átomos e moléculas e permite as ligações químicas), estaria descartada a possibilidade do surgimento da cadeia DNA e, assim, da produção e reprodução da vida.

Em cada coisa encontramos o todo, as forças interagindo, as partículas se articulando, a estabilização de matéria acontecendo, a abertura para novas relações se dando e a vida criando ordens cada vez mais sofisticadas. Sobre todas as coisas, há a marca registrada da natureza, uma assinatura que transmite mensagens que nós podemos decifrar.

A verificação dessa ordem do universo faz surgir nos cientistas, como em Einstein, Bohm, Hawking, Prigogine e outros, os sentimentos de assombro e de veneração. Há uma ordem implícita em todas as coisas. Ela é permeada de consciência e de espírito desde o seu primeiro momento. Essa ordem implícita remete a uma Ordem suprema, a consciência e o espírito apontam para uma Consciência para além desse cosmos e para um Espírito transcendente.

Como explicar a existência do ser? O que havia antes do universo inflacionário e antes do Big-Bang? Sobre isso a ciência nada tem a dizer. Ela parte do universo já constituído. Mas o cientista, como ser humano, não deixa de apresentar tais questionamentos. Max Planck, o formulador da teoria quântica, bem escreveu:

> A ciência não pode resolver o mistério derradeiro da natureza porque, em última análise, nós próprios somos parte da natureza e, consequentemente, do mistério que procuramos desvendar.

O silêncio da ciência não afoga todas as palavras. Há ainda uma última palavra que vem de outro campo do conhecimento humano, da espiritualidade e das religiões. Nelas, conhecer não é distanciar-se da realidade para desnudá-la em suas partes. Conhecer é uma forma de amor, de participação e de comunhão. É a descoberta do todo para além das partes, da síntese aquém da análise. Conhecer significa descobrir-se dentro da totalidade, interiorizá-la e mergulhar dentro dela. Na verdade, somente conhecemos bem o que amamos. David Bohm, renomado físico que foi também místico, asseverou que poderíamos imaginar o místico como alguém em contato com as espantosas profundezas da matéria ou da mente sutil, não importa o nome que lhe atribuamos.

Do sombrio surgiu a ciência como esforço de decifração do código escondido de todos os fenômenos. Da veneração derivam a mística e a ética da responsabilidade. A ciência quer explicar como existem as coisas. A mística se deixa extasiar pelo fato de que as coisas são e existem; ela venera Aquele que se revela e se vela atrás de cada coisa e do todo. Ela procura experimentá-lo e estabelecer uma comunhão com Ele. O que é a matemática para o cientista? É a meditação para o místico. O físico busca a matéria até a sua última divisão possível e sua capacidade derradeira de detecção, chegando aos campos energéticos e ao vácuo quântico. O místico capta a energia que se densifica em muitos níveis até sua suprema pureza em Deus.

Hoje mais e mais cientistas, sábios e místicos encontram-se no assombro e na veneração diante do universo. Ambos sabem que nascem de uma mesma experiência de base. Ambos apontam para a mesma direção: para o mistério da realidade, conhecido racionalmente pela ciência e experimentado emocionalmente pela espiritualidade e pela mística. Tudo converge no nome Daquele que é sem nome: Deus.

Como poderíamos traçar a imagem de Deus que irrompe da reflexão cosmológica contemporânea? Ela surge da cadeia de "remetências" que a investigação se obriga a fazer: da matéria nos remetemos ao átomo, às partículas elementares; destas, para o vácuo quântico. Este é a última referência da razão analítica. Dele tudo sai e para ele tudo retorna. Ele é o oceano de energia, o continente de todos os possíveis conteúdos, de tudo o que pode acontecer. Talvez ele seja também o "grande atrator" cósmico, pois se percebe que o conjunto está sendo atraído ao universo para um ponto central misterioso.

Mas o vácuo pertence ainda à ordem do universo. O que se passou antes do tempo? O que havia antes do vácuo quântico? É a realidade intemporal, no absoluto equilíbrio de seu movimento, a totalidade de simetria perfeita, a energia sem fim e a força sem fronteiras.

Num "momento" de sua plenitude, Deus decide criar um espelho no qual pudesse ver-se a si mesmo, intenciona criar companheiros de sua vida e de seu amor. Criar é decair, quer dizer, permitir que surja algo que não seja Deus nem tenha as características exclusivas de Deus (plenitude, absoluta simetria, vida sem entropia, coexistência de todos os contrários). Algo decai daquela originária plenitude. Portanto, decadência tem aqui uma compreensão ontológica, e não ética.

Deus cria aquele pontinho, bilionesimamente menor que um átomo, o vácuo quântico. Um fluxo incomensurável de energia é transferido para dentro dele. Aí estão todas as probabilidades e possibilidades em aberto. Vigora uma onda universal. O Observador supremo as observa e, com isso, faz que algumas se materializem, se componham umas com as outras. As outras colapsam e voltam ao reino das probabilidades. Tudo se expande e, então, explode. Surge o universo em expansão. O Big-Bang, mais que um ponto de partida, é um ponto de instabilidade que permite, pelas relações (consciência), emergirem unidades holísticas e ordens cada vez mais entrelaçadas. O universo em formação é uma metáfora de Deus mesmo, uma imagem de sua potência de ser e de viver.

Se tudo no universo constitui uma teia de relações, se tudo está em comunhão com tudo, se a imagem de Deus se apresenta estruturada na forma comunial, é indício de que essa suprema Realidade seja fundamental e essencialmente comunhão, vida em relação e amor supremo.

Ora, essa reflexão é testemunhada pelas instituições místicas e pelas tradições espirituais da humanidade. A essência da experiência judaico-cristã articula-se nesse eixo, de um Deus em comunhão com sua criação, de um Deus pessoal, de uma vida que se mostra em três Viventes: o Pai, o Filho e o Espírito Santo.

O princípio dinâmico de auto-organização do universo está agindo em cada uma das partes e no todo. Sem nome e sem imagem. Como dissemos acima, Deus é o nome que as religiões encontraram para tirá-Lo do anonimato e inseri-Lo na nossa consciência e na nossa celebração. É um nome de mistério, uma expressão de nossa reverência. Ele está no coração do universo. O ser humano O sente em seu coração na forma de entusiasmo (filologicamente, entusiasmo significa *ter um deus dentro*). Percebe-se integrado nEle como filho e filha. Na experiência cristã testemunha-se que Ele se acercou de nós, fez-se mendigo para estar perto de cada um. É o sentido espiritual da encarnação de Deus.

A ânsia fundamental humana não reside apenas em saber de Deus por ouvir dizer, mas em querer experimentar Deus. Atualmente é a mentalidade ecológica, especialmente a ecologia profunda, a que mais abre espaço para semelhante experiência de Deus. Mergulha-se então naquele Mistério que tudo circunda, tudo penetra, por tudo resplande, tudo suporta e tudo acolhe.

Mas para aceder a Ele não há apenas um caminho e uma só porta. Essa é a ilusão ocidental, particularmente das igrejas cristãs, com sua pretensão de monopólio da revelação divina e dos meios de salvação. Para quem um dia experimentou o mistério, que chamamos Deus, tudo é caminho e a cada ser se faz sacramento e porta para o encontro com Ele. A vida, apesar de suas tribulações e das difíceis combinações de caos e cosmos e de dimensões diabólicas e simbólicas, pode então se transformar numa festa e numa celebração. Ela será leve, porque pesada da mais alta significação.

PARTE 3

O FUTURO DO CRISTIANISMO

6. O futuro do cristianismo no Brasil: fonte ou espelho?

Depois de 500 anos de cristianismo no Brasil, convém fazermos um breve balanço, na perspectiva de seu futuro e da situação mudada da humanidade. Vivemos num momento singular da história. Cresce a consciência planetária, consciência de que formamos uma única família e de que temos um mesmo destino, associado ao destino do planeta Terra.

Essa consciência ganha dramaticidade por causa do princípio de autodestruição. O homem da modernidade técnico-científica, no afã de atingir níveis cada vez mais altos de desenvolvimento, sacrificou pesadamente as classes, os povos e a natureza. Disso resultou um efeito não intencional: a máquina de morte, capaz de destruir toda a biosfera. Tal fato suscita a urgência do princípio de responsabilidade para controlar e limitar o princípio de autodestruição.

Essa situação nova redimensiona todas as questões. A questão axial não é a de que futuro tem a nação brasileira, nem que futuro tem a Igreja neste país. A questão impostergável, pressuposto de todas as outras, é: que futuro tem o planeta Terra e que esperança é reservada à humanidade? Em que medida a nação brasileira e a igreja cristã podem ajudar para que se garanta um futuro em paz e integração com todo o criado? Essa é a questão das questões.

O cristianismo no Brasil entrou e continua entrando por quatro portas: pela da missão, pela da devoção, pela da libertação e pela da experiência carismática. Criaram-se, consequentemente, quatro configurações que se expressam pela Igreja-grande-instituição (fruto da missão), pelo catolicismo popular (consequência da devoção), pela Igreja-rede-de-comunidades (resultado da libertação) e pela Igreja da era do Espírito (consequência do movimento carismático-ecumênico e católico). Que futuro possuem e que colaboração oferecem ao destino comum do Brasil e da humanidade?

O futuro da Igreja-grande-instituição

Por essa expressão, queremos caracterizar a Igreja em sua aparição oficial, dogmática, hierárquica e sacramental, com paróquias, dioceses, conferências episcopais, em comunhão com o Papa, em Roma, pastor universal. Desde os primórdios, esse tipo de Igreja foi implantado no Brasil, pois junto com o colonizador vinha o missionário. Ambos tinham um projeto comum: "dilatar a fé do império". A missão consolidou esse projeto político-religioso.

Esse modelo de cristianismo é, na Europa, autônomo; aqui é dependente. Lá é central; aqui é periférico. Lá é fonte; aqui é espelho.

Fundamentalmente, esse cristianismo-espelho nunca conseguiu autonomizar-se no Brasil. Depende de quadros e de recursos de fora. Mas, apesar disso, não se pode pensar o Brasil sem a Igreja-grande-instituição. Ela ajudou a criar e a consolidar a presente ordem, que, analiticamente considerada, é ordem na desordem. Mesmo assim, penetrou no inconsciente coletivo da brasilidade com símbolos poderosos e arquétipos de grande irradiação, como Jesus Cristo, Nossa Senhora, São José, São Francisco de Assis, Santo Antônio, Anchieta, padre Vieira, padre Cícero, frei Damião e Dom Hélder Câmara.

Se ao largo da história compôs-se com as forças dominantes, a partir dos anos 1960 mais e mais aproximou-se das classes populares, numa perspectiva de conscientização e de libertação. Ganhou respectibilidade por sua função tribunícia e ética mediante a opção preferencial pelos pobres, contra a pobreza e em favor da vida, pelas pastorais sociais, dos indígenas, dos negros, dos sem-terra, dos sem-teto, dos meninos e meninas de rua, dos marginalizados excluídos.

Que futuro possui? Aquele da Igreja romana que ela reproduz. A Igreja romana é parte da cultura ocidental, cada vez mais acidental, quando considerada numa perspectiva planetária. Ela terá futuro, sob a condição de abrir-se ao diálogo universal e de permitir que outras culturas assimilem, a partir de suas matrizes, a utopia evangélica, dando origem a expressões diferentes do cristianismo. Sobreviverá se acolher os anelos transculturais do homem/mulher planetário por vida, justiça, equidade, respeito pela natureza e sentido do sagrado, e lhe conferir uma dimensão de eternidade. No Brasil terá futuro se, junto com outras forças espirituais, ajudar a superar a herança de exclusão que estigmatiza a história brasileira, por meio de uma solidariedade efetiva com as vítimas do processo social, sempre a partir de sua dimensão espiritual e cristã.

O futuro do cristianismo popular

Junto com o catolicismo oficial veio ao Brasil também o catolicismo popular, mais de cunho medieval que pós-tridentino e apologético. Longe do controle da Igreja-grande-instituição, mas dialeticamente ligado a ela, ele pôde desenvolver-se com grande autonomia nas camadas populares. Assimilou contribuições indígenas, africanas, até orientais, vindas pelas caravelas que voltavam da Índia e da China, fazendo uma síntese colorida e criativa. Se no modelo anterior a centralidade é ocupada pelo sacramento e pelo padre, aqui são a devoção aos santos protetores e o leigo que assumem tal significação.

O catolicismo popular não deve ser entendido como decadência do catolicismo oficial. Trata-se de uma tradução diferente da mensagem cristã no código da cultura popular, simbólica e com uma linguagem que obedece à lógica do inconsciente. Historicamente, ele foi enriquecido com a contribuição trazida pela imigração europeia a partir do final do século passado, de cunho também devocional, mas com ligações mais explícitas às doutrinas e às expressões litúrgicas do cristianismo oficial. Mesmo assim, tem relação com uma vivência familiar e social da fé cristã popular, com forte conteúdo devocional. No dizer de Gilberto Freyre:

> Os santos e os anjos só faltam tornar-se carne e descer dos altares nos dias de festa para se divertirem com o povo; os bois entrando pelas igrejas para serem benzidos pelos padres; as mães ninando os filhos com as mesmas cantigas de louvor ao Menino-Deus, e as mulheres estéreis indo esfregar-se, de saia levantada, nas pernas de S. Gonzalo do Amarante... (*Casa grande e senzala*, São Paulo, 1950, p.122).

Com o *aggiornamento* promovido pelo Concílio Vaticano II (1962-1965) e pela inserção de setores importantes da Igreja-grande-instituição nos meios populares, numa perspectiva de libertação a partir de Medellín (1968) e Puebla (1979), o catolicismo popular enriqueceu-se sobremaneira. Oficialmente, é reconhecido em sua singularidade. Incentiva-se a criatividade popular e aceitam-se as elaborações simbólicas e doutrinárias das comunidades populares. Aqui emerge uma dimensão inédita, ausente no catolicismo popular do passado: a crítica social do sistema social dominante, a perspectiva de libertação a partir do povo-sujeito de seu processo e a ênfase na dimensão político-libertadora da fé cristã. As procissões, as romarias, as vias-sacras, as novenas, as devoções aos santos e santas e mesmo os mistérios cristãos recebem uma nova leitura e dramatização, na perspectiva do engajamento social transformador.

O catolicismo popular significa uma das maiores e mais originais criações da cultura brasileira. Aqui o cristianismo "morenizou-se" e se mostrou mais fonte que espelho. Soube conferir uma aura de mística e de magia à vida do povo, tantas vezes humilhado, sangrado e ressangrado, na expressão de Capistrano de Abreu. Nesse sentido, terá futuro, pois sempre terá futuro a cultura do povo brasileiro, cultura mística, da resistência e da criatividade libertária. Esse futuro será tanto mais garantido quanto mais o catolicismo popular for coerente com o rumo que assumiu nos últimos decênios, ao articular a vida da fé com a vida social, numa perspectiva de crítica, de resistência e de libertação.

O futuro da Igreja-rede-de-comunidades

A Igreja-rede-de-comunidades surgiu a partir dos anos 1950 como confluência de três forças históricas, todas marcadas pela ideia de libertação.

A primeira é a reconquista da utopia dos primeiros missionários, que sonhavam com uma Igreja das Índias e não nas Índias — Igreja índia —, nascida do confronto entre as culturas nativas e a fé cristã, utopia abafada pela política do padroado.

A segunda vem representada pela renovação do catolicismo popular, que, a partir do apoio da Igreja-grande-instituição, criou o fenômeno dos círculos bíblicos, a vivência da fé em comunidades eclesiais de base, reunidas ao redor da página da Escritura confrontada com a página da vida, donde nascem a perspectiva sociocrítica e libertária e novas formas de celebração.

Por fim, a terceira é o movimento social popular, que conseguiu articular as muitas frentes, elaborar uma consciência crítica acerca da natureza do desenvolvimento que se faz à custa dos pobres e encaminhar práticas de transformação e de libertação na cidade e no campo. Daí surgiram uma pedagogia de libertação, sindicatos autênticos e associações de toda a ordem, por terra, casa, saúde, educação e direitos sociais. No movimento social militavam e militam muitos cristãos que concretizam a dimensão intrinsecamente libertadora do Evangelho e entendem a Igreja-rede-de-comunidades como a expressão religiosa da caminhada libertadora do povo pobre e religioso. Desse processo de libertação nasce um novo tipo de cristianismo, que dá a sua colaboração na construção de uma totalidade social nova, mais justa e humanitária.

A Igreja-rede-de-comunidades é entendida como um novo modo de ser Igreja. Nas quatro instâncias constitutivas da Igreja, enquanto grandeza teológica, ela trouxe contribuições notáveis: com referência à palavra, com a apropriação, pelos leigos, do comentário bíblico e da reflexão; com referência à celebração, pela criação de novos ritos e reinterpretação de ritos tradicionais; com referência ao ministério, pelo surgimento de um vasto leque de serviços e ministérios laicos; e, por fim, com referência à missão, pela criação de outras comunidades e inserção na realidade local. Nesse modelo predomina o caráter comunitário e participativo, construído a partir das bases, seja da base eclesial, então os leigos; seja da base social, então os pobres e marginalizados. O elemento aglutinador é a fé cristã, a Palavra das Escrituras, lida na comunidade e posta sempre em confronto com a realidade vivida pela comunidade. Desse confronto nasce naturalmente uma nova consciência de responsabilidade social numa linha não apenas reformista (mantendo o quadro social vigente) mas predominantemente libertadora (postulando um novo tipo de sociedade).

Atualmente, as comunidades eclesiais de base somam cerca de 100.000 (cf. Rogerio Valle e Marcelo Pitta, *Comunidades eclesiais católicas: resultados estatísticos no Brasil*, Petrópolis, 1995). Junto com elas, marcham as várias pastorais sociais, que dão dinamismo à presença dos cristãos na sociedade, nos partidos e nos movimentos sociais dos grupos que já não aceitam a marginalização e se organizam para as transformações necessárias.

A Igreja-rede-de-comunidades é uma criação singular do cristianismo brasileiro. Como modelo inspirador, difundiu-se por todos os continentes e anima as bases das velhas igrejas europeias, no seio das quais emergem mais e mais grupos que querem viver a fé de forma comunitária.

Esse tipo de cristianismo carrega as esperanças do futuro. Por todas as partes procura-se a vivência da fé em pequenos grupos, inseridos no meio cultural, preocupados com as questões da justiça societária e em diálogo com outros portadores de sentido. Sua base é a mais sólida, pois se assenta na forma especificamente cristã de experimentar Deus, como comunhão de divinas pessoas, Pai, Filho e Espírito Santo, constituindo a comunidade eterna. Esse modelo permite o diálogo entre fé cristã e cultura em presença, onde quer que seja, propiciando uma síntese nova e novos rostos do cristianismo no mundo.

O futuro do cristianismo carismático

A partir dos anos 1970, vindo dos EUA, entrou poderosamente o movimento carismático católico. Inicialmente, arrebanhou cristãos da classe média, vindos de outros movimentos leigos, como o cursilho, o movimento de casais e outros grupos de ação/reflexão. Esse movimento atendia às demandas típicas dessa classe, que buscava um sentido ligado à subjetividade, forte na classe burguesa, uma superação da solidão e da insegurança. Aos poucos constituiu uma forma nova de viver a fé cristã. A centralidade não é mais ocupada pelos conteúdos doutrinais, mas pela experiência religiosa, no caso a experiência do Espírito. A partir dessa experiência, os leigos romperam o monopólio da palavra, antes reservada ao clero, fazendo seus comentários pessoais das Escrituras, elaborando novos ritos, impondo as mãos, curando e falando em línguas. O movimento é muito fiel e obediente à institucionalidade eclesial, mas dá-lhe um sentido espiritual. Atualmente, o movimento carismático penetrou em todas as instâncias da Igreja, de bispos a leigos. Configura um novo modo de ser Igreja. Todos estão cansados de catecismos e doutrinas. Busca-se uma experiência de Deus, como Espírito, um encontro vivo com a Fonte da vida.

Que futuro possui? A força do "carismatismo" reside na sua articulação com o paradigma civilizacional emergente. Estamos entrando, seguramente, numa nova fase civilizatória, mais intuitiva que cerebral, mais holística que analítica, mais espiritual que material. O cristianismo carismático, importa reconhecê-lo, articula-se com essa viragem. Ele está ainda buscando sua configuração própria. Deverá incluir com mais decisão a questão da justiça, da dignidade humana, do Sagrado da criação, para ser genuinamente cristão. Mas será seguramente uma expressão singular do século XXI.

Mística e espiritualidade: a contribuição brasileira para a globalização

A nova etapa "civilizatória" da globalização propicia o encontro de todas as religiões e das tradições espirituais. Se o cristianismo souber ler a presença de Deus em todas elas, se renunciar à sua pretensão de deter o monopólio da verdade religiosa e entrar num diálogo com as tradições espirituais, no sentido de preservar o que há de mais sagrado nos seres humanos, isto é, seu sonho para cima, sua transcendência viva, sua abertura infinita para Deus, e caso se deixe assimilar pelas múltiplas culturas humanas para sínteses originais, então ele, o cristianismo, poderá realizar sua catolicidade intrínseca como jamais realizou antes.

Nesse processo, a experiência espiritual brasileira poderá ser significativa. Graças ao enraizamento do cristianismo nas quatro vertentes analisadas, os brasileiros nos fizeram um povo místico, capaz de ver a realidade transfigurada e impregnada por Deus e por seus santos. Por isso somos carregados de magia, de alegria e de esperança, e que tudo, no seu final, existe para brilhar e ser feliz. Talvez essa visão mística do mundo constitua uma das maiores contribuições que a cultura brasileira possa dar à cultura mundial emergente, tão pouco espiritual e tão raramente sensível à leveza, ao humor e à harmonia dos contrários.

Graças à fé cristã, o povo brasileiro não se sente peregrino num vale de lágrimas, mas filho e filha da alegria pela encarnação de Deus em nossa carne quente e mortal, arautos da jovialidade da vida que se transfigurou pela ressurreição do Cristo, manifestado como Espírito. Nisso o cristianismo, mais que instituição religiosa – Igreja –, emerge como um caminho possível para a plena espiritualização do ser humano brasileiro e planetário.

7. O futuro do cristianismo na América Latina: a nova Roma tropical?

Esse tema presta-se mais a visionários que a analistas. Apesar disso, auscultando as tendências atuais, nos permitimos elaborar uma visão pessoal da questão. Escusado é dizer que o futuro da Igreja cristã e da teologia não depende delas. Esse futuro resulta da conjugação de muitos fatores, como o entrelaçamento das sociedades em âmbito nacional, continental e mundial, das políticas dos povos e das culturas, a emergência de novidades no cenário mundial (quem previu a queda do muro de Berlim e a implosão do império soviético?) e subjetividades carismáticas.

Para não ficarmos numa reflexão acantonada em nossa província latino-americana, precisamos nos dar conta do novo horizonte da humanidade: o processo de globalização e a emergência da consciência planetária. Pela primeira vez na história da hominização, a humanidade surge com a consciência de ser uma espécie una, diversa e convergente. De que somos parte e parcela do planeta Terra. Assim como a vida representa um momento da história da Terra, a consciência significa um momento da história da vida. O ser humano é a própria Terra enquanto pensa, sonha, simboliza, ama e adora. Essa consciência planetária nos faz cidadãos terrenais e corresponsáveis pelo destino desta nossa nave espacial azul-branca, esplendorosa, nossa pátria/mátria comum. Esta Terra, vista por muitos como um superorganismo vivo, Gaia, está doente e ameaçada; em face desse dado, descobrimos que o valor supremo é a salvaguarda desse patrimônio comum, sem o qual nenhum outro valor é possível. E devemos cuidar que junto com a Terra se mantenham as condições para a realização do ser humano.

Essa questão é tão central que funda uma nova radicalidade. A questão básica não é qual o futuro da Igreja na América Latina nem das teologias cristãs. Mas qual é o futuro da Terra e da humanidade e em que medida as igrejas, com suas teologias, ajudam a assegurar um futuro em solidariedade, equilíbrio dinâmico e paz? Esse é o *punctum stantis et cadentis*, vale dizer, o ponto decisivo de toda reflexão atual, também teológica.

Diante dessa nova questão, articulamos a reflexão em duas partes, porque uma depende da outra. A primeira: que futuro têm o cristianismo e suas teologias no processo de globalização? A segunda: qual o futuro do cristianismo e de suas teologias na América Latina, dentro desse processo global? Por fim, seja feita uma conclusão: o cristianismo como um caminho espiritual para a humanidade "complexizada" e unificada nas diferenças.

O futuro do cristianismo no processo de globalização

Vendo o fenômeno cristão a partir da perspectiva-mundo, podemos discernir nele quatro grandes "vertebrações": a societária, a popular, a comunitária e a carismática; ou o cristianismo-grande-instituição, o cristianismo popular, o cristianismo-rede-de-comunidades e o cristianismo carismático.

O futuro do cristianismo-grande-instituição

Há um cristianismo organizado em forma de sociedade. Como em toda sociedade, há o caráter multitudinário, as relações são anônimas e funcionais e existe uma hierarquia nas formas de participação e distribuição do poder. De um lado estão os que detêm poder e responsabilidades; de outro, os que se agregam e constituem a grande massa de professantes. Esse tipo de cristianismo estrutura-se ao redor da categoria de poder sagrado. Conseguiu erigir-se em grande instituição mundial. O cristianismo é uma das instituições centrais do Ocidente. Embora de natureza simbólica, sua influência sobre o poder político e cultural é muito grande. Podemos dizer que não se pode fazer a história do Ocidente sem simultaneamente fazer a história da Igreja-grande-instituição, a história dos papas em disputa com os príncipes e a das guerras religiosas. O poder sagrado sempre se articulou bem com o poder dominante. Dessa articulação nasceu o regime de cristandade. Ambos os poderes comungaram num projeto comum: o *dominium mundi*. Um, pela conquista dos corpos mediante a ocupação militar, pela dominação política e econômica e pelo "assujeitamento" cultural. Outro, pela conquista das almas mediante a missão, a catequese e a implantação da versão ocidental do cristianismo.

O cristianismo-grande-instituição apresenta-se como um cristianismo imperial de conquista. Ele encontrou em São Paulo e em Santo Agostinho seus formuladores teóricos, como foi apontado por notáveis analistas do cristianismo. A perspectiva teológico-ideológica de um só Deus (monoteísmo atrinitário), um só Cristo (cristomonismo), um só líder religioso (papalismo) e um só líder político (monarquismo) serviu de fundamento para a centralização do poder. Este encontrou na versão romano-católica da cefalização da Igreja na figura do Papa (o Papa como única cabeça, daí falar-se de cefalização) sua expressão acabada. Mas também outras igrejas cristãs, na forma como se organizaram, articularam-se com os poderes políticos dominantes e exerceram uma função de aliados no projeto do *dominium mundi*, no Caribe, na África e na Ásia.

Esse cristianismo de conquista, em razão da lógica da conquista e da aliança com os conquistadores, fez-se cúmplice da violência que caracterizou a expansão do Ocidente por todo o mundo. Para os que estão fora da galáxia ocidental, esse tipo de cristianismo representa a religião dos invasores e dominadores, cristianismo que conviveu com a crueldade e a impiedade e delas compartilhou. Baste-nos o testemunho do profeta maia Chilam Balam de Chumayel, no tempo da conquista ibérica do século XVI:

> Ai! Entristeçamo-nos, porque chegaram... vieram fazer murchar nossas flores para que somente a sua flor floresça...; entre nós se introduziu a tristeza, se introduziu o cristianismo... esse foi o princípio de nossa miséria, o princípio de nossa escravidão.

Sob essa forma imperial, dificilmente esse tipo de cristianismo seria aceito pelos povos da Terra, nem seria passível de universalização, porque implicitamente prolongaria a dominação de uma parte (o Ocidente) sobre o todo (o mundo). Ele, efetivamente, é parte do Ocidente; hoje, mais e mais um acidente. Além disso, tem dificuldade em aceitar a diferença cultural e em valorizar teologicamente as outras religiões. Pretende ser o caminho oficial e único da humanidade para Deus. O que é uma ilusão, pois não se pode supor que o único acesso à paisagem divina seja pela janela do cristianismo-grande-instituição.

Que futuro possui o tipo de cristianismo-grande-instituição? Aquele que possui a cultura ocidental que lhe serve de suporte. Como, porém, penetrou profundamente na cultura, no imaginário, nos símbolos, transformou-se num arquétipo do inconsciente coletivo ocidental. Mas é um arquétipo que, em grande parte, fossilizou-se e perdeu as virtualidades próprias do arquétipo. Este sempre se renova e se transfigura, consoante as mutações históricas.

O cristianismo-grande-instituição pode ter uma longa respiração. Poderá acumular grande poder institucional, como ocorre atualmente sob os últimos pontificados, no caso da Igreja romano-católica ou nas várias igrejas históricas bem enraizadas nos países centrais, mas dificilmente será fonte de sentido e inspiração de um horizonte utópico para toda a humanidade. Não está sendo nem sequer para o Ocidente. Ele está às costas das culturas hoje vigentes, e não à sua frente, como inspiração para novos desafios.

Como fica a tarefa teológica dentro desse modelo? As teologias normalmente se fazem no âmbito da Igreja-grande-instituição. Possuem significação ideológica à medida que criam as justificativas racionais da instituição. Por isso sua construção é sistêmica e arquitetônica, semelhante à própria instituição. Com isso, não se diz que deixam de pensar a coisa religiosa em sua significação própria. Pensam-na, mas sua dicção deverá ater-se aos cânones da instituição, sempre determinados e limitados. Raramente as teologias são proféticas. Quando o são, sofrem suspeitas de infidelidade ou de serem compreendidas como o discurso do inimigo, desejoso de destruir a instituição, quando, na verdade, trata-se somente de um discurso reformador que não nega as matrizes da identidade institucional, apenas questiona suas mazelas ou uma determinada realização histórica concreta.

O futuro do cristianismo popular

O cristianismo-grande-instituição "inculturou-se" preferentemente na cultura dominante, jurídica, literária e filosófica do Ocidente. Foi um dos fatos mais determinantes da história do cristianismo a entrada, já no século II, de renomados filósofos da prestigiosa academia de Alexandria, no Norte do Egito. Eles foram os primeiros teólogos e forneceram as matrizes teóricas básicas para o ulterior desenvolvimento da reflexão cristã, primeiramente de cunho platônico, neoplatônico e gnóstico e, posteriormente, aristotélico. Com isso, fundou-se um cristianismo de elite. Associado ao direito romano e aos rituais da corte bizantina de Justiniano, conferiu a marca registrada ao cristianismo vigente até hoje, em sua liturgia, em sua dogmática e em seu direito canônico.

Mas junto a esse processo desenvolveu-se um complexo cristianismo popular. Ele representa uma outra forma de tradução da experiência cristã no código da cultura popular. Nesse sentido, não pode ser entendido como uma decadência do cristianismo oficial. Ele se embasa na razão emocional, e sua gramática obedece aos mecanismos lógicos do inconsciente, carregado de símbolos poderosos e de arquétipos ancestrais. Sua característica básica reside no confronto direto entre a fé e a vida, entre o cotidiano da existência, nas suas expressões de trabalho, de hábitos familiares e de costumes sociais, e a mensagem do Evangelho. Esse confronto imediato propiciou um vigoroso sincretismo que confere colorido ao cristianismo popular. Toda religião é sincrética, e também o cristianismo-grande-instituição, pois assumiu valores e paradigmas da cultura dominante. Mas principalmente o cristianismo popular não vive sem uma permanente sincretização de valores do meio em que vive e opera. Assim foi já nos primórdios, quando, no entusiasmo missionário, se verificou um amplo processo de substituição e de transposição de elementos pagãos por elementos cristãos: em vez de amuletos pagãos, usavam-se cruzes de metal; no lugar de fórmulas com efeitos curativos, usavam-se palavras ou frases bíblicas; no lugar de estátuas de divindades romanas ou saxãs, colocavam santos cristãos; os templos jamais eram destruídos, mas refuncionalizados no interesse da mentalidade cristã.

Esse processo continuou ao longo da história, sempre em tensão com o cristianismo oficial, que tenta manter o controle sobre os fiéis e zela pela ortodoxia das fórmulas e dos ritos. Apesar disso, o cristianismo popular tem seu próprio percurso, pois vive da experiência religiosa calcada sobre as mutações ambientais e não sobre a rigidez da reflexão doutrinária. Esse processo operou-se fortemente na América Latina, onde matrizes do cristianismo europeu medieval e reformado sincretizaram-se com tradições indígenas e negras. O historiador Eduardo Hoornaert mostrou detalhadamente como, no Brasil, na base de um grandioso sincretismo, surgiram três tipos de catolicismo históricos: o guerreiro, o patrial e o popular (*A formação do catolicismo brasileiro*, 1550-1800, Petrópolis, 1974).

Como se dá a teologia no catolicismo popular? Embora a academia teológica tenha dificuldade em admiti-lo, existe aí reflexão consistente, o que funda uma teologia popular. Ela possui seus cânones e sua ortodoxia. Nem tudo vale pelo fato de ser experiencial e simbólico. É uma teologia centrada sobre significações profundas, que dão sentido à vida, coragem para enfrentar os terríveis dramas vividos pelo povo oprimido, e ajudam a dar leveza às condições pesadas de trabalho explorado e de má qualidade de vida. Esse sentido é construído na devoção aos santos e santas fortes, na frequência das romarias, na piedade familiar, nos contos e lendas religiosos populares sobre milagres e curas milagrosas.

Que futuro possui esse cristianismo popular? É o futuro que o povo possui. Se há uma realidade histórica que tenha futuro, essa é seguramente o povo. Ele permanece nas variâncias históricas. Ele sempre constrói significações e sonhos que lhe dão sentido de vida, de luta e de sobrevivência. A religião é normalmente sua filosofia vital. Ela o tira da insignificância histórica a que é condenado por seus governantes e opressores, confere-lhe sentido de dignidade e de excelência, pois se sente acompanhado por Deus e seus santos e santas e jamais entregue ao total absurdo.

O futuro do cristianismo-rede-de-comunidades

O cristianismo popular gestou uma realidade grandiosa, a vasta rede de comunidades eclesiais de base e os movimentos religiosos populares. É o outro modelo de cristianismo-rede-de-comunidades e movimentos. Aqui se vivem mais a experiência fundacional, as relações imediatas, primárias, afetivas e nominais, do que as doutrinas e os cânones estabelecidos.

Esse tipo de cristianismo não está interessado na conquista, mas na presença, no diálogo e na inserção nas culturas locais. Por isso é um cristianismo fundamentalmente de libertação. É o tipo de cristianismo que melhor guarda a memória das origens, pois vive do sonho de Jesus e dos Apóstolos de uma comunidade de irmãos e irmãs e da descoberta de Deus dentro das malhas da vida comum de todos os mortais. Ele é mais movimento que instituição. Resgata o caráter utópico da pregação e da prática de Jesus.

A função de direção é comunitária e rotativa. É antes animação que comando. As celebrações tomam seus materiais de vida, transformados em conteúdos de orações e de símbolos, geralmente vivos e expressivos. A Igreja-rede-de-comunidades relaciona-se comumente com outros movimentos populares e assume uma função humanizadora por seu próprio caráter comunitário e à medida que se engaja na melhoria das relações sociais.

Como se dão as teologias no quadro desse tipo de cristianismo? As teologias assumem um caráter existencial e comprometido. Raramente chegam a uma sistematização, na verdade dispensável, porque não representa uma demanda concreta da vida da fé. A teologia é feita a partir das práticas e, por isso, possui a marca do provisório e do fragmentário. Mas no fragmento pode estar a totalidade, como nos modernos hologramas.

Que futuro possui esse tipo de cristianismo? Ele sempre terá futuro por causa de sua base popular. Deixa-se assimilar por outras culturas. Apresenta inúmeros rostos, consoante as matrizes nas quais se incultura. Como apresenta características libertadoras, ganha mais e mais relevância à proporção que se associa a outros nas libertações concretas dos excluídos, oprimidos, marginalizados, negros, índios, mulheres e portadores de estigmas sociais, entre outros.

Ele sempre se encontra, por outra parte, sob a pressão do cristianismo societário, que pretende subsumi-lo, "paroquializá-lo" ou dar-lhe um enquadramento institucional. Mesmo subsumido, ele conserva sua autonomia, pois vive do confronto diuturno entre fé e vida, entre experiência e Deus e desafios existenciais. Nesse sentido, sempre terá futuro, pois significa uma fonte permanente, geradora de sentido, de generosidade e de esperança.

O futuro do cristianismo carismático

É convicção da teologia que o cristianismo se sustenta sobre duas pilastras: o Cristo e o Espírito. Do Cristo recebe os elementos institucionais básicos, como a função dos 12 Apóstolos, entendidos posteriormente como os primeiros bispos, os sacramentos e a mensagem central do Evangelho. A instituição, por seu caráter, confere solidez e perpetuidade histórica. Do Espírito recebe os carismas, o dinamismo, a irrupção do novo e a permanente capacidade de mudar. São Paulo dirá, paradigmaticamente, que a Igreja é construída sobre o alicerce dos Apóstolos, dos Profetas e dos Doutores. A teologia esquematicamente refere-se à dimensão petrina e à dimensão paulina da Igreja. Pedro representa o instituído; Paulo, o instituinte; Pedro, a Igreja já construída e bem firmada como um castelo; Paulo, a Igreja sendo construída, sempre em processo de adaptação, como uma tenda que muda de lugar e de forma. Uma é instituição; outra, movimento.

Por razões históricas ligadas ao surgimento do cristianismo-grande-instituição, analisado anteriormente, predominou na história o momento cristológico e petrino, até o seu excesso, o "cristomonismo" (a ditadura do Cristo). O momento pneumático e paulino foi relegado a um segundo plano, quando não, sufocado. Alijado da instituição que se petrifica, ganhou, entretanto, força na vida eclesial concreta dos fiéis.

Esse desenvolvimento não era fatal. Poderia ter havido um equilíbrio possível entre o carismático e o institucional dentro dos quadros da ortodoxia. São Paulo, na forma como organizou suas comunidades, projetou um modelo de Igreja cuja centralidade se encontrava no elemento carismático. Para ele, o carisma não se inscrevia no âmbito do extraordinário. O carisma era a função concreta que cada membro da comunidade desempenhava em benefício de todos. Não existia, para ele, membro não carismático, vale dizer, ocioso, sem ocupar um determinado lugar na comunidade, ou passivo, alguém comandando e outro comandado. Diz, enfaticamente: "cada um tem de Deus o seu carisma, um de um modo, outro de outro" (1Cor 7, 7); "a cada um é dada a manifestação do Espírito para a utilidade comum" (1Cor 12, 7).

Nesse sentido, o carisma pertence à estrutura da Igreja. Como são muitos carismas, um deles é o carisma de direção e de animação, ao lado do carisma da palavra, da assistência para com os pobres, do compromisso político pelos direitos humanos etc. Todos os carismas gozam de igual dignidade; nem cabem privilégios que desestruturam o bom funcionamento da comunidade: "o olho não pode dizer à mão, não preciso de ti, nem tampouco a cabeça aos pés, não necessito de vós" (1Cor 12, 21). Uma Igreja estruturada na simultaneidade dos muitos carismas é possível historicamente, mas não foi o caminho trilhado. Caso houvesse triunfado, teria conferido ao cristianismo outro tipo de presença no mundo, seguramente mais versátil, mais encarnada nas tradições dos povos e mais espiritual. Atualmente centrada no poder religioso nas mãos somente da hierarquia, mostra-se pesada, um reduto de conservadorismo e machismo, contrários à imagem libertadora e leve do Jesus histórico. Por isso pesa sobre o modelo imperante de Igreja-grande-instituição a acusação de não ter atendido ao apelo de São Paulo: "não afogueis o Espírito" (1Cor 5, 19).

Apesar de todos os cerceamentos e suspeitas contra o carisma, ele nunca deixou de estar presente na vida da Igreja, longe dos "controles institucionais. A dimensão carismática e pneumática vive da experiência do Espírito em contato com os movimentos da história social e das tendências culturais vigentes. Ela cria a palavra nova, que mobiliza, inventa símbolos que galvanizam e projeta sentidos insuspeitados, derivados do tesouro do Evangelho. Foi do interior do movimento pneumático/carismático que surgiu a vida religiosa e mística na Igreja, desde os monges do deserto do século IV até a madre Teresa de Calcutá dos dias de hoje. Os santos e santas mais relevantes do cristianismo não vieram das cúrias romanas ou do aparato burocrático das dioceses e paróquias, mas do âmbito extrainstitucional, da vida concreta de fé. Assim São Bento e Santa Escolástica, São Francisco e Santa Clara, Blaise Pascal, Paul Claudel e, entre nós, Tristão de Athayde (Alceu Amoroso Lima). Figuras carismáticas como o Papa João XXIII, Dom Hélder Câmara, Dom Oscar Romero e o padre Cícero Romão Batista não se definem por seu lugar institucional na hierarquia, mas por sua independência em face da lógica cerceadora da instituição, que não conseguiu frear-lhes a criatividade e a liberdade. Todos eles são representantes da Igreja do Espírito, "carismática".

A partir dos anos 1970 verificou-se no mundo inteiro uma inundação impressionante do movimento carismático, primeiramente no nível ecumênico e depois no âmbito católico. Esse movimento inscreve-se dentro da cultura emergente que apresenta exigências de espiritualidade, de experiência viva de Deus e de flexibilização das tradições. Os milhões e milhões de carismáticos mostram a possibilidade de se realizar a Igreja num outro modelo, sem trair os valores da grande tradição. É verdade que o movimento não apresenta ainda um perfil definitivo. Mostra uma paixão poderosa por Deus e pelo Espírito, mas não conseguiu ainda articulá-la adequadamente com a paixão pelo pobre e pelo Espírito como *pater pauperum*, pai dos pobres. Quando ocorrer essa convergência, terá alcançado a sua plena maturidade evangélica.

Esse movimento vive da experiência do Espírito. Por isso não carece de uma teologia elaborada. Ela existe, mas na forma de uma espiritualidade refletida, sem preocupações com a arquitetônica do saber religioso.

Que futuro terá o cristianismo carismático? A dimensão carismática é imperecível, pois pertence à estrutura da realidade em movimento. Por isso sempre teve passado, por isso terá sempre futuro. Possivelmente com o encontro dos muitos caminhos espirituais no mercado religioso mundial, esse tipo de cristianismo seja um dos mais aptos a captar o valor intrínseco das várias expressões do Espírito nas culturas dos povos. Permitirá um diálogo franco entre todos e poderá ser acolhido ao nível global como um cristianismo não imperialista e dominador, mais espiritual e fiel à natureza transcultural da experiência de Deus.

O futuro do cristianismo na América Latina e no Caribe: a nova Roma dos trópicos?

Que balanço final faríamos do cristianismo na América Latina e no Caribe? Em sentido estrito, a América Latina, nos seus primórdios, não foi evangelizada, se entendermos por evangelização o encontro entre atores sociais e suas culturas com o Evangelho, a aceitação da alteridade religiosa e a gestação de algo novo, fruto da necessária dialogação entre as partes. O que houve foi a pura e simples colonização social, política, cultural e religiosa. Os evangelizadores dos indígenas eram da mesma raça daqueles que lhes invadiram as terras e chacinaram grande parte de seus irmãos e irmãs. Os evangelizadores dos escravos eram os escravocratas. Podemos imaginar o tipo de evangelho que o lobo ensina às ovelhas, prestes a devorá-las. Tudo menos sua libertação.

Nessa contradição constituiu-se até recente data o cristianismo na América Latina e no Caribe. Apesar disso, esteve sempre presente, desde o início, o espírito profético e pastoral em alguns bispos, missionários e leigos (homens e mulheres), que se tomaram de paixão pelos "cristos açoitados" e comprometeram suas igrejas com sua causa. Houve sempre também aqui e acolá, a começar pelos primeiros franciscanos, no México, o projeto utópico de criar uma Igreja das Índias e não nas Índias, Igreja-fonte e não Igreja-espelho, com clero indígena, ritos próprios e doutrinas inculturadas na sabedoria local. Mas tais intentos foram sufocados pelas políticas combinadas do poder político e eclesiástico em regime de cristandade.

O cristianismo-grande-instituição colonial guarda identidade e igualdade com o cristianismo central. Não apresenta singularidade nenhuma. É o mesmo rito, a mesma doutrina, o mesmo direito canônico, a mesma divisão eclesiástica em paróquias e dioceses. Seu futuro está ligado à cultura ocidental europeia, mergulhada numa profunda crise e carente de um horizonte utópico de esperança e de sentido.

No cristianismo popular, no carismático e no rede-de-comunidades, podemos identificar um rosto renovado e novo. Especialmente este último assume a tradição comunitária das culturas indígenas e negras, a movimentação de um cristianismo engajado de leigos, e se entronca com o movimento social popular. Criou-se, nas várias confissões cristãs, uma Igreja na base, de cunho popular, comprometida com a libertação dos oprimidos e excluídos. Seu centro é ocupado pela Palavra lida em comunidade, sempre em confronto com as questões vitais e sociais. A característica é leiga, comunitária e participativa. Esse tipo de cristianismo conseguiu realizar, talvez, a primeira evangelização que merece esse nome, pois penetrou no universo cotidiano dos oprimidos, das culturas dominadas, das raças subjugadas, dos grupos marginalizados, e aí criou uma versão libertadora do cristianismo, enraizada no imaginário e no simbólico das culturas do silêncio.

Ele é tão poderoso que conseguiu conquistar para si estratos importantes da Igreja-grande-instituição, religiosos, religiosas, padres, teólogos, bispos e até cardeais. Ele se traduziu pela opção pelos pobres, contra a pobreza e em favor da justiça social, marca registrada das várias igrejas latino-americanas.

Esse cristianismo-rede-de-comunidades tem futuro porque tem futuro a luta dos destituídos e condenados que buscam o seu direito e a sua justiça. Esse cristianismo rompeu a aliança espúria que as Igrejas tinham feito com as forças de dominação e inaugurou uma aliança com aqueles que sempre estiveram na exclusão. Isso confere um caráter revolucionário e libertário aos cristãos das comunidades. Ademais, ele está se "inculturando", dando um rosto moreno, afro-ameríndio-latino-americano ao cristianismo. Pelo seu caráter multitudinário e pela diminuição crescente da população europeia, esse cristianismo poderá fundar a nova Roma dos trópicos.

Entre tantos pontos, dois nos parecem importantes como contribuição que o cristianismo latino-americano pode dar à humanidade globalmente integrada: a multiculturalidade e a dimensão espiritual e mística da existência humana.

Para o nosso continente vieram praticamente representantes de quase todos os povos da Terra. Aqui eles convivem sem dilaceramentos excessivos, gestando um povo novo da miscigenação de muitas raças. Há também racismo. Este não depende da origem étnica, mas da cor da pele, entendida culturalmente. Por isso a "branquicização" é social e cultural. Mesmo sendo negro ou índio, se ascender socialmente é considerado branco. Esse fato do convívio de muitas raças e tradições culturais dentro de uma mesma nação é importante numa perspectiva de planetarização. As culturas se encontram, se mesclam, entram em diálogo e tensões. Todas devem aprender a conviver com a diferença e entendê-la como suplementar. Daí se impõem a convivência e a lógica dialógica. Ou as culturas se fecham sobre si mesmas, no afã ilusório de se autodefender e reafirmar sua identidade, correndo o risco do fundamentalismo e da violência contra os diferentes, ou são receptivas ao diálogo aberto, sabendo o que nesse processo ganham e perdem, enriquecendo-se a partir das próprias matrizes, mas também relativizando-as em benefício de uma convergência na diversidade.

O caso latino-americano pode ajudar nesse convívio obrigatório, num mundo globalizado e sem fronteiras nacionais.

O segundo elemento de contribuição à emergente cultura mundial é o caráter espiritual e místico de nossos povos latino-americanos. Aqui, o fator religioso penetrou no tecido social e no mais profundo da alma latino-americana. Somos povos que acreditamos, de verdade, no outro lado do mundo; acreditamos na possibilidade de salvação para todos e na presença de Deus e do mundo celeste dentro de nosso mundo terreno. Apesar de todas as tribulações históricas, o povo latino-americano e caribenho jamais perdeu sua autoestima e o encantamento do mundo. Há uma mais-valia de sentido e de alegria de viver que surpreende os analistas mais exigentes. Talvez seja essa visão mística, de realismo fantástico e encantada do mundo, uma das contribuições que os povos latino-americanos podem dar à cultura mundial, tão pouco mágica e sensível ao jogo, ao humor e à harmonia dos contrários. São povos que testemunham a "desfatalização" da história, que tudo pode, finalmente, fazer sentido, e que viver não significa condenar-se a um vale de lágrimas, mas pode significar ascender ao monte das bem-aventuranças.

O cristianismo como um dos caminhos espirituais para a humanidade

Na perspectiva de um novo patamar da humanidade, convergindo para uma unidade complexa, para além de todos os processos contraditórios da balcanização de países, culturas e religiões, como pode apresentar-se o cristianismo? Ele não pode reivindicar para si o monopólio da verdade religiosa nem dos instrumentos de salvação. Assim como valorizamos a biodiversidade na natureza, valorizamos também os diferentes modos de experimentar, de dizer e de venerar Deus. O que o cristianismo professa deve estar ligado ao processo global da humanidade e da criação. Por ser uma das expressões do humano, mesmo que tenha emergido na cultura médio-oriental e na ocidental, deve poder ser compreendido pelos demais humanos. Por isso ele pode ser um caminho espiritual entre tantos outros pelos quais Deus mesmo, como na escada de Jacó, visitou os seus e estes também O visitaram.

Em poucas palavras, podemos dizer: o judeu-cristianismo vive de uma utopia: existe um sentido global e derradeiro da realidade, pois tudo está destinado a conservar-se no ser e a transfigurar-se pela morte. E que, por isso, não a morte, mas a vida detém a última palavra. Esse sentido que tudo impregna significa a presença daquela Realidade que todas as tradições espirituais chamaram de Deus. Esse Deus é próximo, vem misturado com as coisas e se encontra em cada dobra da existência. Ele fez uma aliança com todos os seres, os viventes e os humanos, simbolizada pelo arco-íris que se estende sobre todos. Esse Deus aproximou-se de nossa miséria e se chamou Jesus Cristo. E através dele revelou sua identidade como Pai e Mãe de infinita bondade. Como bem disse o Papa aos bispos em Puebla: "a natureza íntima de Deus não é solidão, mas comunhão, pois Deus é família, Pai, Filho e Espírito Santo". Porque é comunhão, tudo no universo se manifesta numa rede de relações, a ponto de tudo estar conectado a tudo em todos os momentos e em todas as circunstâncias. Nada existe fora da relação.

Esse Deus-comunhão não vem de fora, mas atua no universo desde sempre. Um cosmos pensado em cosmogênese nos obriga a pensar também a cristologia como cristogênese e a pneumatologia como pneumatogênese. Se o Filho irrompeu um dia no homem de Nazaré, significa que ia crescentemente irrompendo no universo até culminar em Nazaré, e a partir daí irromper na consciência da humanidade no sentido de que todos, sem distinção, são também filhos e filhas de Deus. O Espírito dormia na pedra, sonhava na flor, sentia nos animais, sabia que sentia nos humanos e, finalmente, se comunicava como *Espiritus Creator*. Abraçando o mundo, estamos abraçando Deus.

Por causa dessa interpenetração do mundo com Deus e de Deus com o mundo (o verdadeiro panenteísmo que distingue Deus e mundo, mas os põe em comunhão, bem diverso do panteísmo, que tudo iguala sem distinção), fica cristalina a última esperança dos cristãos: a ressurreição de toda a carne. Ressurreição é mais que a reanimação de um cadáver. É a realização de todas as potencialidades de ser, de valor, de comunhão e de comunicação de cada existente e de cada vivente no universo. O que era promessa inscrita no dinamismo cósmico, agora, no Cristo, transforma-se em vidente realidade. Os cristãos não teriam coragem de crer e testemunhar esse evento bem-aventurado se não o tivessem experimentado no Jesus histórico, morto e ressuscitado, antecipação daquilo que, a seu modo, vai se realizar com cada pessoa humana, com todos e com o universo inteiro.

O cristianismo pode oferecer essa proposta espiritual a todos os humanos. Cada qual poderá dar-lhe sua versão cultural. Ela tem a força intrínseca de guardar sua verdade essencial em todas as encarnações. Ela poderá significar a recuperação do elo perdido que re-liga todas as experiências, todas as buscas, o pessoal com o cósmico, o histórico com o utópico. Ela permite a emergência da verdadeira re-ligião, vale dizer, aquela dimensão que costura para a frente e para cima toda a realidade, ancorada em Deus, testemunhada em tantos caminhos espirituais da humanidade.

Um cristianismo assim não anula os demais caminhos de encontro com Deus. Ele é intrinsecamente ecumênico. Em todos eles, e sob nomes diversos, discerne o mesmo mistério que não é um abismo intransponível, mas uma fonte de vida, de enternecimento e de comunhão, Deus. A nova fase de planetarização oferece as condições para a verdadeira catolicidade da experiência de Deus, como um Deus de amor e de bondade, Pai e Mãe de infinita ternura, percebido na profundidade mais radical do universo e como a presença mais luminosa e significativa da existência humana.

8. A missão do cristianismo no processo de globalização

Em 1933, escrevia Pierre Teilhard de Chardin:

> A idade das nações já passou. Se não quisermos morrer, é a hora de sacudir os velhos preconceitos e de construir a Terra... A Terra não se tornará consciente de si mesma através de nenhum outro meio, senão a crise de conversão e de transformação.

Essas palavras são proféticas. A Terra entrou numa fase de consciência e de realização de sua unidade. É o momento da planetarização e da globalização do fenômeno humano e de sua relação com a totalidade da criação.

Em que medida o cristianismo ajuda nesse imenso processo global? Pode ele ser uma fonte de sentido, ao lado de tantas outras tradições espirituais? Para responder a essas questões é preciso considerar, antes de qualquer coisa, alguns dados da realidade social mundial. É dessa realidade que vêm os desafios para o cristianismo (o conjunto das igrejas cristãs).

O crescente fosso entre o Norte e o Sul

Digamos logo de saída: a globalização significa um salto para a frente, no sentido da consciência universal e das condições de possibilidade para a humanidade se descobrir como uma única família que pode viver em paz e harmonia na casa comum que é o planeta Terra. Ela significa, outrossim, a oportunidade única de o cristianismo realizar efetivamente seu caráter universalista e católico. Entretanto, a ameaça de mecanização, de exclusão social, política e cultural dos seres humanos nunca foi tão poderosa como hoje, porque todo esse complexo processo se realiza sob a égide do modo de produção capitalista, com o seu mercado altamente competitivo e insuficientemente cooperativo. Como garantir uma globalização que construa, e não destrua a Terra? Há também o risco de o cristianismo, por medo de perder um tipo de identidade histórica, moldada nos quadros da cultura ocidental, fechar-se sobre si mesmo, identificar essa identidade singular como a identidade *tout court* e perder uma chance histórica única de revelar outras virtualidades ainda não realizadas da experiência originária cristã.

O sistema de livre mercado que emergiu com pleno vigor na Europa do século XVI seguiu um curso caracterizado pela crescente expansão e, ao mesmo tempo, pela crescente concentração. Contra a própria teoria do livre mercado, na verdade, foram surgindo oligopólios, monopólios e cartéis; os mercados regionais desembocam nos mercados nacionais, continentais, transnacionais e, hoje, no mercado global.

O após-guerra viu surgirem as transnacionais, mas os anos 1980 presenciaram uma profunda mutação. As empresas transnacionais têm dado origem a novas e mais gigantescas formas de organização empresarial, de caráter global. A intensidade da competição internacional está exigindo cada vez mais investimentos astronômicos na pesquisa, desenvolvimento e implementação de tecnologia, uma agilidade sempre maior e um grau cada vez mais agudo de exploração da força de trabalho e do consumidor para que se possam enfrentar os altos custos dessa competição. As empresas, para serem fortes no mercado, ganham magnitudes "dinossáuricas". A Baimler-Benz, de base alemã, no setor de veículos automotores e armamentos, responsável por 30% de toda a exportação alemã; a Novartis, de base suíça, no setor químico-farmacêutico agroindustrial; o grupo ASEA-Brown Bovery, de origem sueco-suíça, no setor de máquinas pesadas; ou a Mitsubishi, japonesa, que opera em noventa setores diferentes de atividade econômica no mundo inteiro, são exemplos desses megaconglomerados globais.

O poder econômico, aliado ao político e cultural, dessas forças determina o rumo do mundo. Por meio da diversificação de suas atividades, especialmente no âmbito da informação e da cultura (música, cinema, programas de TV, vídeos etc.), eles se tornam poderosos agentes da produção e da difusão de valores, atitudes, comportamentos, expectativas e modos de relação característicos da cultura do capital globalizado. Pela concentração do controle sobre a riqueza, a renda, a propriedade, o conhecimento, a informação e o poder político, as grandes corporações multilaterais vêm excluindo sempre mais os governos e os povos da capacidade de participar desse controle, reduzindo assim as possibilidades de uma real democracia. Uma ilustração é o fato de que os dez maiores grupos industriais do mundo possuíam, em 1991, ativos equivalentes a 2,9 vezes o produto interno bruto dos 43 países menos desenvolvidos; 1,5 vez o produto interno bruto dos 57 países de renda média; e 1/4 do produto interno bruto dos 24 países mais ricos do mundo (os membros da União Europeia). As quinhentas empresas transnacionais mais importantes na lista da revista *Fortune* de 1998 controlam 2/3 do produto interno bruto dos EUA e parte da economia mundial.

Os megaconglomerados fazem aliança entre si, independentemente dos países de origem, estabelecendo uma teia realmente global de complexas relações que são totalmente isentas de qualquer fidelidade à nação ou ao povo, assim como de todo o controle e regulação de sua atividade em nível global. Exemplos são as parcerias do grupo Ford (EUA) com o grupo Mazda (Japão), que competem com as alianças transculturais, da Chrysler-Mitsubishi, Chrysler-Maserati, General Motors-Isuzu e Fiat-Nissan, e da Globo com o grupo Time-Life.

O grande capital global conseguiu uma simbiose com os Estados nacionais, fazendo alianças de interesses e transformando a população, em grande parte, em simples consumidores, sem participação real nos rumos das sociedades em que vivem.

Verifica-se também um crescente conflito entre capital e trabalho. A automação e a informatização da produção e dos serviços têm obtido, sem dúvida, um efeito favorável sobre o trabalho humano, libertando-o de uma carga exagerada. No entanto, os ganhos gerados pelo aumento da produtividade não são partilhados democraticamente com os trabalhadores. O capital precisa apropriar-se integralmente dos ganhos da produtividade para continuar competitivo. Com o aumento de seu poder sobre a nova riqueza, o capital aprofunda, em vez de superar, a contradição em relação àqueles que vivem do seu próprio trabalho. Em consequência, o desemprego ganha forma crônica e provoca problemas psicossociais graves, e migrações, xenofobia e desenraizamento cultural. Surge no cenário mundial o fenômeno da exclusão social, dos milhões e milhões de pessoas e de países inteiros considerados descartáveis e não mais interessantes para os investimentos do capital mundial. Estes se confrontam com a miséria e a morte lenta.

Verifica-se também um crescente conflito entre o Norte e o Sul. As agências multilaterais, como o Fundo Monetário Internacional, o Banco Mundial, o GATT e os bancos regionais de desenvolvimento, e mesmo as Nações Unidas, foram transformados em peões dos interesses corporativos globais, hegemonizados pelos Estados Unidos.

Se democracia significa compartilhar equitativamente os recursos, a riqueza, os meios de produzi-la e os meios de poder, então o mundo de hoje está menos democrático do que nunca. O sistema global de mercado está criando hoje uma polarização mais extrema e danosa à sustentabilidade que nos tempos mais violentos da colonização. Os últimos 500 anos são testemunhas da expansão do domínio da civilização ocidental, eurocêntrica, para o qual o "outro" tem sido geralmente concebido como o selvagem, subumano, subdesenvolvido, pagão, objeto de assimilação, submissão ou simplesmente destruição, como no caso das grandes culturas pré-colombianas da América Latina.

O fim da era colonial não significou, entretanto, a superação da dominação e da opressão. Criaram-se formas mais sofisticadas de subordinação e exploração. Os números falam por si: 75% da população do planeta têm acesso apenas a 19% do produto interno bruto mundial. Sua participação no investimento internacional caiu de 25,2% em 1980 para 16,9% em 1989. A América Latina e o Caribe sofreram o colapso mais agudo. Durante a década de 1980, o serviço da dívida externa foi 80% maior que o fluxo de investimento estrangeiro direto. Sua participação no mercado mundial caiu de 7% para 4%. Em consequência, segundo dados da Comissão Econômica para a América Latina da ONU, o número de pessoas vivendo em pobreza aumentou de 112 milhões para 184 milhões em 1989. Hoje, dez anos após, a situação só se agravou.

Na era da globalização, as elites do hemisfério norte estão revelando uma incapacidade crescente de fazer com que o aumento da riqueza e a acumulação do capital venham acompanhados de melhoria da qualidade de vida de todos os cidadãos da Terra como um grande e único ecossistema. E as elites do Sul, sempre menos numerosas, estão tentando adaptar-se, pelas políticas de ajustes estruturais, ao mercado mundial, aumentando seus privilégios e com imensa exclusão social de porções numerosas da população. Criaram-se, na verdade, um Norte global (constituído pelas elites do Norte e do Sul) e um Sul global (pelas maiorias pobres do Sul, junto com o número crescente de trabalhadores e trabalhadoras empobrecidos e excluídos do Norte), aumentando o fosso entre um e outro.

Em função desse tipo de globalização, que é comandado pelo capital, pela tecnologia de ponta e pela cultura ocidental, e não por valores éticos ou humanísticos, somos testemunhas de uma radical crise de civilização. Não estão em jogo apenas a crescente marginalização de bilhões de seres humanos e a capacidade sempre maior de autodestruição da humanidade e destruição da biosfera, mas também a autoconsciência e o autorrespeito do ser humano e, a partir daí, a sua capacidade de viver em harmonia com a mãe Terra.

O tipo de desenvolvimento material dos últimos 500 anos produziu insatisfação, ruptura dos laços de fraternidade e de solidariedade e vazio de sentido de viver. A natureza e os seres humanos foram tratados como recursos e mercadorias. Por isso, enfrentamos uma grave crise ecológica, com desequilíbrios naturais que podem ameaçar de forma irrecuperável regiões importantes da Terra. A ética dominante, utilitarista, materialista e militarista não garantiu um desenvolvimento humano e social sustentável para a maioria da humanidade. Criou tropeços fundamentais a uma democracia real, participativa e planetária.

As religiões e as igrejas foram, em grande parte, cooptadas por esse sistema avassalador. Nos países centrais perderam sua capacidade profético-crítica. Nos países periféricos verificou-se, como uma bênção, que setores importantes do cristianismo compreenderam o pecado social e estrutural desse tipo de ordem. Tomaram o partido das vítimas mediante a opção preferencial pelos pobres e recuperaram a memória libertária da prática de Jesus e de Seu Evangelho. A Igreja da libertação, cuja base social é constituída pelos pobres e marginalizados da ordem vigente, e sua correspondente teologia da libertação expressam o surgimento histórico desse tipo de cristianismo comprometido com as mudanças sociais em nível global.

Rumo a uma única sociedade mundial

A crise mundial civilizacional é de tal gravidade que corremos o risco de cataclismos sociais enormes e de um colapso ecológico alarmante se não encontrarmos uma saída redentora.

Em momentos assim faz-se mister uma nova espiritualidade, quer dizer, um novo sentido fundamental para a vida humana pessoal e social. A nova espiritualidade implica um reencontro do ser humano consigo mesmo e com uma significação "omnienglobante".

Em primeiro lugar, importa refocalizar a própria compreensão do ser humano. Ele deve ser entendido como efetivamente é, como um nó de relações voltado em todas as direções, como um fim em si mesmo e um projeto infinito. Ele é natural e histórico, individual e social, racional e também intuitivo e emocional. A democracia supõe a superação da compreensão antropocêntrica e individualista do ser humano, que marca toda a antropologia da modernidade. Como ser de relações, ele somente se realiza quando é sujeito de sua prática, quando acolhe a alteridade do outro, que também é sujeito, e juntos fazem-se atores de uma história coletiva.

Em segundo lugar, é fundamental rever a concepção de sociedade. Ela não é nem a soma de indivíduos unidos ao redor da lei nem uma massa comandada pelo Estado. Mas é o conjunto articulado dos sujeitos, cidadãos, constituindo uma subjetividade coletiva que se compromete na construção de um bem comum para os humanos e para todos os seres da natureza.

Em terceiro lugar, a própria noção de democracia merece ser revisitada. Não basta a democracia representativa, ela deve ser social e participativa. Ela se funda na maior participação possível de todos, a partir de baixo, que cria mais e mais níveis de igualdade, que tem como valor central a solidariedade e que se abre para a comunicação intersubjetiva dos cidadãos, com suas visões do mundo, tradições, valores e símbolos.

Em quarto lugar, convém refundar a economia política. Em seu sentido originário, ela é a gestão da carência, e não a técnica do crescimento ilimitado na produção de bens e serviços. O que importa, hoje, é uma economia do suficiente para todos; portanto, como meio para a vida dos seres humanos e da natureza, e não mais como um fim em si mesma.

Em quinto lugar, impõe-se um novo paradigma de desenvolvimento. Deve-se reconhecer a unidade e a articulação orgânica das dimensões econômica, política, social e ambiental da história humana. O objetivo central do desenvolvimento e a referência permanente são o ser humano individual e social. A atividade econômica é instrumento para esse fim.

Em sexto lugar, é imprescindível uma transformação cultural e subjetiva. Não bastam as mudanças institucionais. O ser humano deve estar sempre presente como sujeito participante. Lá onde vive, devem viver também os ideais democráticos como valores universais, na família, na escola, nas associações. É a importância das revoluções moleculares, quer dizer, das modificações que se fazem no microcosmo social, que significam acumulação de experiências e de visões capazes de forçar as transformações estruturais. O ser humano não é o centro do universo, mas um fragmento de vida e de consciência, gerado pela natureza em contínua evolução, apontando para uma Vida absoluta e uma Suprema consciência que tudo acompanha e preside. O ser humano é o único ser ético da natureza, pois é capaz de fazer-se responsável pelo destino de si mesmo e pelo dos outros, decidido a conservá-los em vida para que tenham também o seu futuro próprio.

A democracia planetária é um desafio gigantesco, mas não impossível. É a condição de todos sobrevivermos comunitariamente. Ou repartimos democraticamente os bens da Terra, limitados e cada vez mais escassos, e elaboramos estratégias de convivência pacífica entre as sociedades e com a natureza, ou então enfrentaremos violências e teremos vítimas como jamais visto na história da humanidade. O perigo é global. A salvação deve ser global também. Não haverá uma arca de Noé que salve alguns e deixe perecer os outros. Ou todos nos salvamos, ou todos corremos o risco de nos perdermos.

A missão do cristianismo no processo de globalização

O cristianismo enfrenta um desafio novo. Como outrora salvou os valores do Império Romano decadente, é chamado, junto com outros, a salvar a humanidade sob grave ameaça de autodestruição. Para enfrentar adequadamente essa imensa missão, deverá, antes de tudo, relativizar radicalmente sua "inculturação" no Ocidente. Somente assim é habilitado a se globalizar e a ser aceito pelas culturas mundiais.

Em consequência desse processo de autorrelativização, deve igualmente renunciar ao conceito imperialista de missão. Isso significa recusar-se a anunciar o Evangelho com os instrumentos de poder cultural e a partir de uma posição de poder. Dessa estratégia, que é a tradicional, não resultou uma nova encarnação do cristianismo na Ásia, na África e na América Latina, mas apenas a expansão do sistema eclesiástico ocidental. Só será aceito como valor aquele cristianismo que, antes de qualquer coisa, descobrir nas tradições culturais e espirituais da humanidade a presença do Espírito e do Evangelho de Deus. Com essa convicção, iniciará sua presença como serviço aos outros, no estilo sonhado por São Francisco de Assis. Após servir e "inculturar-se" nos valores do respectivo povo, anuncia o Evangelho de Jesus.

O caminho do Evangelho, com sua positividade singular, somente se abre à globalização se o cristianismo anunciar dois valores humanísticos básicos, presentes em sua mensagem essencial: defender a vida sob todas as suas formas e viver a irmandade universal a partir dos pobres e oprimidos.

A vida é a realidade mais ameaçada hoje, especialmente a vida dos pobres e marginalizados. Mas também a vida do planeta Terra, entendido como um superorganismo vivo, Gaia, a miríade de formas de vida, desde a microscópica até a dos organismos complexos, todos ameaçados pela voracidade industrialista. Toda vida é una nas suas múltiplas manifestações, pois os mesmos elementos físico-químicos que constituem o organismo vivo mais originário constituem os seres vivos mais complexos, como o ser humano. A vida é sagrada, pois representa a floração mais alta e misteriosa do processo evolucionário. É por meio dela que se revela o mistério do mundo que chamamos de Deus. E Deus, na consciência das religiões e do cristianismo, é o Deus da vida. E Jesus, o filho de Deus, veio trazer vida — e vida em plenitude.

A irmandade universal radica-se na afirmação teológica de que todos somos filhos e filhas de Deus. Essa dignidade não está reservada a alguns, aos batizados, mas é conferida a todos os seres vivos e inertes, por humílimos que sejam. E ela deve ser vivida a partir dos últimos, os fracos, os oprimidos e excluídos. Tomar partido deles, defender sua dignidade em todos os foros mundiais é hoje uma missão central das igrejas cristãs.

O ideal democrático, já o disse Jacques Maritain, é o nome profano para o ideal cristão da irmandade, pois tem como motivo determinante a igualdade, o amor e a solidariedade. O ideal democrático é muito mais que as democracias concretas, atualmente vigentes. Ele implica valores que não conhecem limites e não se esgotam na realização histórica das democracias representativas, que, na verdade, são democracias reduzidas.

Tais valores são a tolerância, a não violência, a ideia da renovação gradual da sociedade por meio do livre debate, a transformação das mentalidades e do modo de viver mediante o diálogo permanente, aberto e crítico; enfim, a vivência da irmandade e da consciência de um destino comum para todos. A democracia é o regime no qual cada pessoa reivindica a dignidade de obedecer ao que é justo. E o que é justo ou injusto não é estabelecido de modo autoritário pela lei, mas nasce de uma persuasão sobre a validade objetiva de valores que julgam nossas práticas e norteiam nossas consciências.

O cristianismo deve ajudar a criar um mundo para todos, e não só para os cristãos. E a democracia é o enquadramento social e político benéfico para todos. A partir da democracia planetária, é possível o encontro das religiões, das espiritualidades e das visões de mundo. Elas deverão confrontar-se com a realidade maior, que é o planeta e a sua salvaguarda. E somente depois confrontar-se entre si, uma escutando a outra, crescendo juntas na experiência daquele Mistério que circunda a existência e penetra o cosmos. Nós, cristãos, chamamo-lo de Deus-comunhão de pessoas divinas.

Por mais diferentes que sejam as religiões e as igrejas com sua sanidade e patologias, todas estão sob o arco-íris da graça de Deus, todas se encontram sob a aliança que Deus estabeleceu com a totalidade da criação, como é narrado no episódio de Noé, prometendo conservação e vida para todos os seres.

A partir dessa convergência, pode o cristianismo marcar sua diferença e apresentar sua positividade no conjunto de outras diferenças. Estas não devem ser vistas como rupturas do projeto de Deus, mas como revelações diferentes e multifacetadas desse mesmo projeto de Deus.

A positividade cristã deverá ser dita nas múltiplas línguas humanas, nos códigos das diferentes culturas, e celebrada nos símbolos próprios das várias tradições humanas. Só pela diversidade concretizar-se-ão a catolicidade e a universalidade concretas da mensagem cristã. Portanto, somente um cristianismo de rosto asiático, africano, índio-afro-latino-americano e ocidental pode representar o sonho de Jesus como proposta de sentido e de esperança para todos os que se abrirem a ele. Nesse aspecto, a história apenas começou, pois somente realizamos até agora a versão ocidental do cristianismo, nas expressões históricas que encontrou na Igreja Católica Romana, na Igreja Ortodoxa e nas igrejas saídas da Reforma do século XVI. O Pentecostes, onde a mesma mensagem vinha expressa nas muitas línguas dos povos, é ainda uma provocação, uma promessa e um futuro para a fé cristã. Quando o novo Pentecostes ocorrer e o Evangelho puder ser articulado nas infindáveis línguas humanas, então essa fé terá ganhado sua dimensão verdadeiramente globalizada. Somente então será verdadeiramente católica.

PARTE 4

A MORTE COMO INVENÇÃO DA VIDA

9. Morte e ressurreição na nova antropologia

O sentido que damos à morte é o sentido que damos à vida. E o sentido que damos à vida é o sentido que damos à morte. O sentido que damos à vida está ligado a uma totalidade maior, que se chama cultura, espaço coletivo no qual se elaboram os vários sentidos da vida humana, inclusive os mais transcendentes. Por isso há tantos sentidos de vida quantas culturas humanas existem.

A morte como experiência cultural

Para os índios bororos do Mato Grosso, a vida é soberana. Mortos e vivos estão sempre juntos. Os mortos não são ausentes. São apenas invisíveis. Por isso, morrer não é nenhuma desgraça. É só passagem para o outro lado da mesma vida.

Para nós, ocidentais modernos, a vida é tudo. A morte é ruína. Não deixa nada. O outro lado representa uma interrogação aberta. Não temos elaborada nenhuma projeção singular da morte. Apegamo-nos às várias interpretações que se apresentam no mercado das tradições culturais: reencarnacionismo, aniquilação, subsistência da alma, diluição nas energias cósmicas, ressurreição etc.

Para os gregos, o sentido autêntico da vida se dá só no alémmorte, no mundo da pura espiritualidade. Morremos para viver mais e melhor. Por isso Sócrates morre feliz. Penaliza-se dos juízes que o condenaram porque, pobres, continuavam vivos, no cárcere da matéria. O espírito na morte se liberta finalmente do corpo para ser totalmente ele, em sua pura espiritualidade.

O militante cristão comprometido com a libertação dos semterra não teme o assassinato pelos latifundiários. Entende a vida como lugar de realização da utopia do Reino de Deus, que é de vida e de liberdade seminal aqui e plena na eternidade. A morte é passagem para a plenitude do Reino. Ela é desdramatizada, pois no momento da morte dá-se logo a ressurreição. Por isso, dizia o poeta e místico D. Pedro Casaldáliga: a alternativa cristã é esta: ou a vida ou a ressurreição.

Tempos de religiosidade intensa e tranquila são tempos de metafísica, tempos de certezas e de representações esperançosas da vida e da morte. São as religiões que trabalham historicamente as grandes crises existenciais, pessoais e coletivas. São elas que formulam respostas às grandes indagações do ser humano, geralmente sob a forma de grandes mitos e símbolos poderosos que falam da vida para além desta vida. Em tais circunstâncias, a morte vem descodificada e inserida numa teia de sentidos globalizantes.

Eis uma questão crucial: como fica a temática da morte para os nossos tempos, que diluíram todas as referências estáveis de sentido, submeteram as religiões à suspeita acrisoladora, conscientizaram os mitos (e então deixam de ser mitos) e relativizaram todos os modelos de leitura do mundo? A morte é relegada a um problema da subjetividade individual. Cada qual tem de se haver com ela. Ninguém pode ser substituído no seu morrer. Cada um deve lhe conferir uma significação ou negar qualquer esperança para além deste mundo. Vivemos entregues a nós mesmos, numa imensa orfandade espiritual.

Os grandes mitos e as representações clássicas de uma vida além-morte não são mais considerados fenômenos evidentes e aceitos culturalmente por todos como valores indiscutíveis. Tal fato se revela pela atmosfera de vazio espiritual, de angústias, de experiências de absurdo e de outros distúrbios psicossociais. São tempos trágicos. Falta um norte. Tramontou a estrela-guia.

Em tais conjunturas culturais, como podem os cristãos mediatizar sua esperança numa vida para além da vida? Como conferir credibilidade à profissão de fé do credo: "Creio na ressurreição da carne e na vida eterna?".

Somente após um discurso razonado, que acolha as indagações do espírito dominante do tempo e retrabalhe alguns dados antropológicos de grande consenso, podemos dizer o nosso amém. É o que nos propomos nesta breve reflexão, que procura acolher dados da moderna antropologia.

O ser humano: uma elipse, não um círculo

O ser humano é uma totalidade inserida ecologicamente dentro de outra totalidade maior, que é o universo à nossa volta. *Membra sumus corporis magni* (Somos membros de um grande corpo) já diziam os estoicos. Tudo ocorre dentro de um imenso processo de evolução. Nesse processo, tudo vem regido pelo equilíbrio entre a vida e a morte. A morte não vem de fora. Ela se encontra instalada dentro de cada ser. Numa compreensão evolucionista do cosmos, uma vida sem a morte é totalmente impensável. A vida é mortal. Sua estrutura é assim organizada, de modo que se vai desgastando, lentamente, até acabar de morrer. Entretanto, o equilíbrio não se desfaz. Outras vidas virão. *Mors tua, vita mea* (A tua morte é a minha vida) ensinavam os antigos sábios.

Nessa perspectiva, a morte não é, como pensam os cristãos, consequência do pecado. Ela preexistia ao pecado humano. Consequência do pecado é a forma concreta como experimentamos a morte. Não mais como um dado natural, mas como algo antinatural, como incerteza traiçoeira que produz a angústia e como perda irrefragável da vida. Essa situação existencial entrou na consciência porque a humanidade, na compreensão judaico-cristã, não soube acolher a vida mortal como dom divino, a se manifestar também como dom aos demais, no amor e na amizade. Pecado consiste em querer viver só "para si mesmo" (cf. 2Cor 5, 15). A solidão no lugar da solidariedade faz com que a morte seja vivenciada como assalto e destruição da vida. A solidão do lado de cá faz suscitar a ideia da solidão do lado de lá. Daí o medo e até o pavor da morte.

Mas pode ocorrer o fato de a pessoa assumir a mortalidade da vida e de se mostrar fiel ao chamado inscrito dentro dela na direção da comunhão e do amor. Este não teme a morte. Ela faz parte da vida, sem destruir a vida. É antes irmã que bruxa. Pode-se morrer cantando, como São Francisco: "Vem, irmã minha, vem, irmã morte! Leva-me à fonte da vida! Conduze-me ao coração do Pai de bondade! Introduze-me no seio da Mãe de infinita ternura!".

Concretamente, para além de qualquer interpretação ulterior, o ser humano se descobre como um nó de relações voltado para todas as direções (A. de Saint-Exupéry). Sua essência reside na capacidade de relação, ilimitada, indefinida, sempre aberta. Essa capacidade de relação, quando considerada a partir da subjetividade, emerge como uma energia vital sempre desperta. Chamem-na libido, eros ou princípio-esperança ou *kundalini* (a força da serpente cósmica, em sânscrito), ou *karma-carisma*, pouco importa. Tais denominações dão conta da inarredável pulsão que habita o ser humano, homem e mulher, fazendo-o um ser em abertura, sempre insatisfeito, sempre projetando, sempre buscando novos equilíbrios, sempre mergulhando no universo de sua interioridade, sempre fazendo a experiência abraâmica de sair para o desconhecido na busca do novo, ainda não experimentado. Se assim não fora, como explicar que o homem primitivo, pelo menos desde o neolítico, deixasse as cavernas e se aventurasse no mundo exterior? Por que hoje estamos abandonando a Terra e buscamos as estrelas?

Por outro lado, esse nó de relações se concretiza na estreiteza de um espaço e de um tempo. A pulsão é ilimitada, mas só se realiza limitadamente. Nunca vigora uma adequação entre o impulso e sua expressão. Em razão disso, o ser humano jamais é um círculo em sua esplêndida perfeição e adequação entre todos os pontos. Ele, homem e mulher, apresenta-se na figura de uma elipse. Tem dois pontos de equilíbrio. Nele percebemos duas curvas existenciais.

No primeiro ponto da elipse realiza-se a exterioridade humana. É a curva biológica. Como qualquer outro ser da biosfera, ele cresce, desenvolve-se, chega ao seu clímax vital, desce a montanha da vida e morre. Começa a vida como uma enorme bagagem energética. Mas ela, devagar, em prestações, vai sendo consumida até se exaurir. Vale dizer, o ser humano, ao nascer, começa a morrer. Vai morrendo lentamente, em prestações, até acabar de morrer. De pouco valem os mil estratagemas de prolongamento da vida. Chega o momento em que, mesmo a pessoa mais velha do mundo, tem de morrer e morre. Simone de Beauvoir, em seu romance *Touts les hommes sont mortels* (1946), mostra o absurdo de uma vida mortal como a nossa ser imortalizada. Iríamos envelhecendo infinitamente sem jamais poder morrer, como nos velhos bons tempos em que morríamos. É o inferno, porque nada deste mundo satisfaz a estrutura do desejo que habita famintamente o ser humano insaciável. A morte pertence à nossa vida humana, por mais que o eu profundo queira vida e mais vida e anseie pela eternidade da vida.

Entretanto, o ser humano se realiza também no outro ponto da elipse. É a curva pessoal, sua interioridade. A dinâmica da interioridade é inversa à da exterioridade que acabamos de acenar. A bagagem inicial de um feto recém-concebido é minúscula como uma serpente. Mas, ao crescer, ela principia lentamente a se desenvolver. As manifestações do inconsciente pessoal e coletivo começam a emergir. A sensibilidade emerge, a razão lentamente chega à luz, a vontade se perfila, a consciência irrompe e o coração se encontra com o pulsar de outros corações.

Está em si, mas também, e permanentemente, fora de si, nos outros, no mundo, nas estrelas, no coração de Deus. E esse crescimento na compreensão das coisas, na vontade de entrar em comunhão com elas, na busca da perfeição, do belo e do virtuoso, não tem limites nem fim. Podemos crescer indefinidamente. Jamais será lícito dizer: "até aqui te amei, para além não te amarei mais; até aqui busquei a perfeição em cada ação e não busco mais perfeição nenhuma". Essas realidades não padecem barreiras. Elas, tendencialmente, podem crescer mais e mais. O céu é o limite.

A primeira curva, a biológica, vai decrescendo e morrendo até acabar de morrer. A segunda curva, a pessoal, vai nascendo e crescendo até acabar de nascer.

O ser humano concreto é a coexistência dessas duas curvas, unidade tensa e dialética, jamais adequadamente equilibrada. Por um lado, centra-se sobre si mesmo, no intento de conservar sua carga energética, vivendo o mais longamente possível. Por outro, descentra-se de si mesmo, indo ao encontro dos outros, podendo assumir a perspectiva deles até em contradição com seus interesses pessoais.

A tradição filosófica do Ocidente chamou a essa unidade composta do ser humano de corpo e alma. O ser humano é um corpo animado ou uma alma corporificada. Na sua compreensão originária (ao contrário da representação decadente posterior que substantivou corpo e alma, contrapondo-os), corpo é o ser humano todo, inteiro (portanto, corpo + alma), enquanto se realiza na curva biológica, enquanto preso às estreitezas da condição terrestre, espaço-temporal. Alma é, por sua vez, o ser humano todo, inteiro (portanto, corpo + alma), à medida que se realiza na curva pessoal, enquanto vem habitado por um tropismo insaciável que o leva a buscar em tudo o infinito, o ilimitado, o imperecível.

O ser humano concreto é a unidade tensa, difícil e irredutível dessas duas curvas e desses dois pontos da elipse humana. Corpo não é algo que o ser humano tem, mas uma realidade que ele é. Portanto, deve-se falar em homem/mulher-corpo. Entretanto, apesar de sentir o corpo como meu corpo e, portanto, parte do meu eu, percebo também que não sou totalmente definível por ele. Não me sinto nem totalmente identificado com ele nem totalmente distinto dele. Sou meu corpo, mas também mais que meu corpo. Pelo corpo estou no mundo, sou parte do mundo, mas também me sinto para além do mundo. Pelo desejo, pela inteligência, pela vontade e pelo coração habito as estrelas e busco os confins do universo e para além dele.

Algo semelhante deve-se dizer da alma. Não tenho alma. Sou alma. Alma é minha totalidade, enquanto rompe o enraizamento e se abre à totalidade e ao infinito. A alma transcende qualquer determinação dada. Devemos, pois, falar de homem/mulher-alma.

Um poeta moderno alemão expressou bem o que significa o ser humano enquanto alma: "Um cão que morre e que sabe que morre como um cão e que pode dizer que morre como um cão: eis aí um ser humano" (E. Fried, *Warngedichte*).

Esse saber-de-si leva o cão a transcender seu ser-cão. Transcender é o que faz a identidade do ser humano enquanto alma. Não é estar fora do mundo. É estar no mundo para além dele. Consiste em abrir sempre uma brecha em toda a realidade e ver para além dela.

Pertence, pois, ao ser humano estar-no-mundo e ser-mundo, como pertence a ele também estar para além do mundo e entrever o outro lado do mundo. Essa é uma fenomenologia transcultural, realizável por qualquer pessoa.

Non omnis moriar: a morte nunca é total

Se assim é a estrutura humana, o que ocorre quando acontece a morte? Que significa morte nessa compreensão?

Há os que definem a morte como separação entre corpo e alma. O corpo vai para a sepultura, e a alma, para a eternidade. Nesse caso, a morte não é completa. Atinge apenas uma das curvas, um dos pontos da elipse humana, aquele biológico. Não existe, como consideramos acima, alma desencarnada da matéria ou corpo sem ser animado. Caso contrário, não seria corpo humano, seria um cadáver. A morte não pode ser qualificada como separação entre corpo e alma, pois não há nada para separar. A unidade humana permanece, complexa e dialética.

Embora possuam e devam ser distinguidos, corpo e alma não podem ser separados. Eles não são realidades paralelas, passíveis de dicotomização. O que se separa, na morte, não é o corpo e a alma, mas o tempo e a eternidade. Quer dizer, um modo de existência limitado e aprisionado a esse tipo de vida espaço-temporal e o outro tipo de vida na qual o ser humano entra, caracterizado por uma relação aberta e ilimitada para com a matéria. É a relação própria de quem entra na eternidade. Eternidade não é o prolongamento do tempo ao nível do infinito. Não é uma quantidade maior, mas uma qualidade distinta, marcada pelo modo de plenitude. O ser humano, na morte, entra numa relação não mais restrita da matéria – a esse pedaço dela que chamo meu corpo –, mas numa relação pancósmica com a totalidade da matéria.

Pela morte, o homem-alma não perde sua corporalidade. Esta lhe é essencial. Por conseguinte, não deixa o mundo. Assume-o de forma mais radical e universal. Não se relaciona apenas com alguns entes, como quando vagava por este mundo nas malhas espaço-temporais, mas com a totalidade do cosmos, dos espaços e dos tempos. Ao morrer, a pessoa entra no coração do universo, para aquela dimensão de todas as coisas em que tudo se relaciona com tudo e a partir da qual o universo se mostra como um único universo na pluralidade de suas energias, de suas leis e de seus seres individualizados.

Morrer é como nascer. A pessoa, ao nascer, passa por uma perigosa crise. Esgotam-se as possibilidades do seio materno. A criança tem de nascer, senão morre. Deixa tudo atrás de si. Mas entra numa dimensão maior do que aquela que lhe tocava viver no seio da mãe. Ao morrer, de forma semelhante, o ser humano entra numa derradeira crise. Extenuam-se as possibilidades da vida biológica e espaço-temporal. Deixa o conjunto das relações que estabelecia com este mundo, com a sociedade e com a família. Entra num outro tipo de relação, agora com a totalidade.

Não era essa totalidade que o homem-alma buscava no sono e na vigília? Não constituía o dinamismo maior de sua interioridade exatamente a ânsia de plenitude e de eternização de todas as experiências fundamentais? O nó de relações para todas as direções agora pode realizar-se sem limites e sem frustrações. Com a morte, caíram todas as limitações ligadas ao mundo espaço-temporal. Libertado, irrompe em plenitude real aquilo que almejava em plenitude potencial. O desejo que possui uma estrutura de infinito encontrou, finalmente, a sua plena e legítima satisfação.

Com razão podemos considerar a morte o *vere dies natalis* (o verdadeiro dia de Natal) do ser humano. Ele vinha nascendo há milhões de anos. À medida que a matéria ascendia, ela também se enrolava sobre si mesma, quer dizer, interiorizava-se. Quanto mais se interiorizava, mais se tornava consciente. Quanto mais se tornava consciente, mais também se abria para dentro e para fora, para novos mundos da arqueologia interior e da arqueologia exterior, para horizontes sempre abertos, até polarizar-se no Absoluto. Com a morte, o ser humano acaba de nascer.

Morrer assim é uma bênção da vida. Não morrer é condenar-se a ter sede sem nunca poder encontrar a água borbulhante, ter fome e jamais poder saciar-se, ser botão e jamais poder desabrochar. Ser botão desabrochado e não poder, nunca mais, amadurecer, perfumar e alegrar todo o universo.

A plena hominização: a ressurreição na morte

A teologia cristã criou uma categoria para expressar a emergência do homem novo (*novissimus Adam*, como diz São Paulo em 1Cor 15, 45), a ressurreição. Pela ressurreição, não se quer significar a reanimação de um cadáver que voltaria à vida limitada que vivia antes, ainda sob o signo da mortalidade, mas se quer apontar para a absoluta realização da existência humana. Tudo se torna imediato, presente e integrado: o eu, o corpo, a alma, o cosmos e Deus. A ressurreição representa, assim, o termo do processo de hominização. É uma revolução na evolução. Só na culminância do processo de evolução ascendente, "complexizante" e convergente o ser humano é plenamente humano. Somente então valem as palavras proféticas do Gênesis: "E Deus viu que tudo era bom, que tudo era belo e bom".

Essa ressurreição ocorre na morte. Pela morte, acabam-se as coordenadas do espaço e do tempo. Por isso não faz sentido falar de qualquer tipo de "espera" entre o agora e o final dos tempos. Para a pessoa que morre, os tempos acabaram. Começou a eternidade como um permanente presente. A ressurreição se dá na morte. Nem antes, porque ainda estaríamos no tempo. Nem depois, porque já seria a eternidade. Na *morte*, enfatizamos. Isto é, naquele exato momento da passagem, quando termina o processo de vida mortal e se inicia o da vida plena. É mais ou menos como aquele momento em que o ponteiro do relógio salta de um segundo para outro. Esse tempo intermédio também é tempo, embora não seja medido pelo próprio relógio. Entretanto, a ressurreição na morte não é totalmente plena. Na morte, o núcleo pessoal ressuscita com todas as suas relações. Mas enquanto o conjunto das relações (é o que perfaz o ser humano-corpo e o ser humano-alma) não chegar também ele à plenitude, não podemos dizer que está totalmente ressuscitado. O mesmo podemos dizer da ressurreição de Jesus. Enquanto Seus irmãos e irmãs, enquanto a história humana e cósmica não for ainda plenificada (tudo isso faz parte de Sua realidade), Sua ressurreição tem ainda futuro, não se concluiu totalmente. Só quando toda a criação for transfigurada, só então a ressurreição será plena.

Essas reflexões, compartilhadas pela melhor teologia contemporânea, fundam uma perspectiva otimista em face da morte, tiram-lhe o caráter de última palavra. A morte se ordena para a vida num patamar mais alto. Elas reforçam a profissão de fé dos cristãos na ressurreição. Essa convicção se baseia antes no testemunho de um ressuscitado concreto, Jesus de Nazaré, do que nas boas razões da disquisição antropológica. A ressurreição do Cristo não é vista apenas como justificação de Sua causa e glorificação de Sua pessoa. Ela é, nos textos do Novo Testamento, entendida como promessa para todos os humanos. O Cristo é considerado "o primeiro dos que morreram", "o primeiro entre muitos irmãos e irmãs", pois todos seguiremos a Ele (cf. 1Cor 15, 20; 6, 14), vale dizer, ressuscitaremos como Ele.

Como ressuscitam os mortos?

Uma curiosidade, naturalmente, vem suscitada por nossas reflexões: como ressuscitam os mortos, como será nosso corpo ressuscitado?

Antes de tentar qualquer resposta, convém advertir acerca dos limites de nossa representação (portanto, de nossa metafísica). Por mais que transcendamos todos os limites impostos pela realidade do mundo, uma experiência da vida para além da vida permanece inacessível. Mesmo os relatos de "mortos clínicos" que voltaram a viver (veja as publicações de Elisabeth Kübler-Ross, *Sobre a morte e o morrer*, ou de Raymond A. Moody, *Life after life*), por mais espetaculares que sejam, situam-se ainda no âmbito do experimentável e, por isso, traduzível em linguagem humana. Com razão São Paulo considera insensata tal pergunta (cf. 1Cor 15, 35), por ultrapassar nossas possibilidades de representação.

Nem por isso nos dispensamos de balbuciar alguma representação a respeito dela. São Paulo, na sua primeira epístola aos Coríntios, ocupou-se dessa questão (cf. 1Cor 14, 35-38). Aí tenta, à luz do evento do Cristo ressuscitado, projetar alguma imagem.

Criou a expressão *corpo espiritual* (*sóma pneumatikón*: 1Cor, 15, 44) para expressar a realidade do ser humano ressuscitado. Corpo espiritual significa o homem/mulher-corpo (portanto, inserido no tecido das relações com o mundo) que ganha as características do homem/mulher-alma (capaz de desejo infinito, de transcender todos os limites e estar em Deus).

Pela ressurreição, nossa realidade concreta (corpo) ganha as características da alma-espírito. Pelo espírito, estamos nas estrelas, superamos todas as distâncias, penetramos no coração do universo e comungamos com Deus. Pela ressurreição, nosso corpo (homem/mulher-corpo), sempre preso a este tipo de mundo, vê-se libertado. Acompanha o espírito (o homem/mulher-espírito). Goza de uma plena ubiquidade cósmica. Participa do modo de ser do próprio Deus, que a Bíblia chama de "Espírito", contraposto à "carne", modo de ser das criaturas, inclusive do ser humano. Enquanto Espírito, Deus está presente em tudo e tudo penetra. Pela ressurreição, o ser humano passa do modo de ser carnal para o modo de ser espiritual. Portanto, participa de Deus e da vida própria de Deus. Essa passagem se chama teologicamente de ressurreição e emergência do "Adão novíssimo" (cf. 1Cor 15, 45). A ressurreição tira os limites de nosso desejo, realiza-o e lhe confere o modo de plenitude. É a divinização da humanidade ou a humanização da divindade.

Enriqueçamos ainda mais essa ideia de ressurreição. O corpo pertence também à nossa identidade essencial, que sempre está ligada ao mundo. O mundo (o conjunto das relações) nos marca e nós marcamos o mundo. As duas curvas se entrecruzam: o ser humano exterior afeta o ser humano interior, e vice-versa. Nesse jogo, vamos construindo nossa identidade. Corpo não é um conjunto de moléculas animadas, energias ou chacras. É tudo o que o ser humano acumulou e teceu nas relações com as mais diferentes realidades com as quais se confrontou. É a história pessoal, intrincada com a social e a cósmica. Assim como na íris dos olhos, nas linhas das mãos e nos sulcos do rosto detectamos a história pessoal, assim na vida, o mundo que marcamos e que nos marcou entra na composição de nosso corpo. Através das partículas elementares e das energias primordiais que possuem bilhões de anos e que entram na estruturação do corpo, nos tornamos nós mesmos cósmicos e ligados a todo o universo. As lutas, as alegrias, as lágrimas, o grito de vitória, as chagas dos embates (cf. Jó, 20,21: as chagas de Jesus conservadas no corpo ressuscitado), a festa com os amigos, o beijo do amor e o abraço da amizade, a marca que deixamos nas coisas, a paisagem querida, o lar, a terra natal, o lugar do encontro com a pessoa amada, a imagem que projetamos, nossos ideais que nos mobilizaram e entusiasmaram outros, tudo isso e ainda mais pertencem ao que significa nosso corpo.

Ora, pela ressurreição essa realidade é levada à sua plenitude. Mas não só o homem/mulher-alma, grávido de possibilidades e potencialidades, das quais somente algumas puderam realizar-se no decurso temporal de nossa existência, vê-se pela ressurreição definitivamente plenificado.

Morrer e ressuscitar na morte não podem significar, portanto, a transmigração da alma para Deus. É a chegada da totalidade do ser humano em Deus, fonte de toda beatitude e potenciação de todo ser. Com a ressurreição na morte, uma porção do mundo personalizado mediante o ser humano chega lá, no ápice, no seu ponto ômega.

Como se depreende, a ressurreição é um processo que vai ocorrendo ao longo da vida. Vamos lentamente ressuscitando, à medida que lentamente também vamos morrendo. Na morte, a ressurreição explode e implode e permite à vida humana uma realização, impossível se continuasse presa aos limites do aqui e do agora. Não obviamente fora do mundo, mas assumindo o mundo e levando-o para um além, onde se dá a comunhão inefável com Aquele que é Vida e Fonte de toda a vida.

Destarte, morrer não é caminhar para um fim-limite. É peregrinar para um fim-meta alcançado. Por isso, nós não vivemos para morrer. Morremos para ressuscitar. Para viver mais e melhor.

CONCLUSÃO

As reflexões feitas neste livro são inconclusas. Por isso, não cabe, naturalmente, nenhuma conclusão final. Apenas importa enfatizar o *tonus rectus* que se faz notar nas diferentes modulações temáticas.

Estamos convencidos de que as questões ecológicas constituirão o horizonte comum de todas as demais questões, pois temos consciência de que o destino do planeta Terra e da biosfera é também o nosso destino. Ou renovamos uma aliança de sinergia e de com-paixão com a Terra, e assim nos salvaremos todos, ou correremos o risco de não termos mais uma arca de Noé.

Para essa mudança de padrão civilizatório é imprescindível uma nova experiência do Sagrado da criação, um encontro vivo com a Fonte "originante" de todo ser, Deus. Desse encontro nasce uma espiritualidade de cunho holístico e cósmico. Ela nos poderá devolver o encantamento em face do universo, o enternecimento com tudo o que vive e a experiência bem-aventurada de nossa conexão com todas as coisas.

A espiritualidade funda uma nova ética que reconquista o sentido filológico originário de *ethos*: o cuidado com a casa comum, a família, a nossa cidade, o nosso nicho ecológico, nosso ecossistema e nossa Terra, grande Mãe, Gaia e pátria e mátria comum de tudo o que nela existe e vive. Faz-se urgente uma ética centrada na unidade e sacralidade da vida em todas as suas manifestações, ética da corresponsabilidade pela herança que recebemos de bilhões de anos de processo evolutivo e ética da compaixão por todos os que sofrem, espécies ameaçadas de extinção e especialmente os milhões e milhões de seres humanos condenados à exclusão.

A partir de uma espiritualidade e de uma ética, podem e devem ser redefinidas as outras instâncias importantes para a vida humana pessoal e social: a economia, a política, a educação e a comunicação.

As mudanças exigidas são formidáveis, mas não impossíveis. Importa fazer como a célula: ela está em contínua interação com o meio, intercambia informações e troca energias para viver e se desenvolver. Assim, cada pessoa consciente é desafiada a fazer a sua revolução molecular, lá onde se encontra.

Como estamos todos inseridos num inarredável sistema, a mudança de um fator afeta todos os demais fatores sistêmicos. Por isso, cada um é importante. Por ele pode passar a energia da grande mudança. Todos somos cada um. Todos, então, contamos e somos imprescindíveis. Cultivar essa consciência, traduzi-la no cotidiano de nossas práticas, auscultar o chamado do Espírito que fala na profundidade humana e no curso dos tempos históricos, celebrar com jovialidade a alegria de viver e de se comunicar é já ter feito a mudança para o novo paradigma, é sentir-se já cidadão da nova humanidade reunida num único lugar: na casa comum, a Terra.

BIBLIOGRAFIA

PARTE 1
DESAFIOS ÉTICO-SOCIAIS DA ECOLOGIA

1. Para onde vai a ecologia?

ALTNER, G. (org.) *Ökologische theologie: perspektiven, orientierung*, Stuttgart: Kreuz Verlag, 1989.

BERRY, T. *O sonho da Terra*, Rio de Janeiro: Vozes, 1971.

BOFF, L. *Ecologia: grito da Terra, grito dos pobres*, Rio de Janeiro: Editora Sextante, 2004.

_____. *O despertar da águia: o sim-bólico e o dia-bólico na construção da realidade*, Rio de Janeiro: Vozes, 1998.

CAMPBELL, B. *Ecologia humana*, Lisboa: Edições 70, 1983.

CAPRA, F. *O ponto de mutação: a ciência, a sociedade e a cultura emergente*, São Paulo: Cultrix, 1981.

ENCICLOPÉDIA *de ecologia*, São Paulo: EPU, 1979.

GONÇALVES, C.W.P. *Os (des)caminhos do meio ambiente*, São Paulo: Contexto, 1990.

GUATARRI, E. *As três ecologias*, São Paulo: Papirus, 1988.

LOVELOCK, J. *Gaia: um novo olhar sobre a vida na Terra*, Lisboa: Edições 70, 1987.

_____, *As eras de Gaia: a biografia de nossa Terra viva*, Rio de Janeiro: Campus, 1991.

LUTZEMBERGER, J. *Gaia: o planeta vivo*, Rio Grande do Sul: L&PM, 1990.

_____. *Fim do futuro?: manifesto ecológico brasileiro*, Rio Grande do Sul: Movimento, 1980.

MOURÃO, R.R. de Freitas. *Ecologia cósmica: uma visão cósmica da ecologia*, Rio de Janeiro: Francisco Alves, 1992.

PADUA, J.A. (org.) *Ecologia e política no Brasil*, Rio de Janeiro: Espaço e Tempo, 1987.

PEREIRA, L.A. et al. *Introdução à ecologia*, São Paulo: Moderna, 1982.
SAHTOURIS, E. *A dança da Terra*, Rio de Janeiro: Rosa dos Tempos, 1998.
SCHWARZ, D., SCHWARZ, W. *Ecologia: uma alternativa para o futuro*, Rio de Janeiro: Paz e Terra, 1990.

2. Ecologia social em face da pobreza e da exclusão

BOFF, L. *Ecologia: grito da Terra, grito dos pobres*, Rio de Janeiro: Editora Sextante, 2004.
_____. *Do iceberg à arca de Noé*, Rio de Janeiro: Garamond, 2002.
BOOCKCHIN, M. *Ecología social: una nueva disciplina en medio ambiente*, Lima, nº 4, 1989, pp. 35-8.
GIRARDI, G. *Ecologia e cultura della liberazione em emergenze*, nº 5, 1988, pp. 9-13.
GUDYNAS, E. *Ecología social: la ruta latinoamericana*, Montevideo: CIPFE, 1990.
_____. *Ensayo de conceptualización de ecología social*, Montevideo: CIPFE, 1988, pp. 3-17.
HEDSTRÖM, I. *Somos parte de un gran equilibrio*, Costa Rica: DEI, 1985.
JONAS, H. *Das prinzip verantwortung*, Frankfurt: Suhrkamp, 1984.
LEIS, H.R. et al. *Ecologia e política mundial*, Rio de Janeiro: Vozes, 1991.
LEONARD JEFFREY, H. *Meio ambiente e pobreza*, Rio de Janeiro: Zahar, 1992.
LUTZENBERGER, J. *Fim do futuro?*, Rio Grande do Sul: Movimento, 1980.
MORÁN, E.F. *A ecologia humana das populações da Amazônia*, Rio de Janeiro: Vozes, 1990.
RAMOS REGIDOR, J. *Justicia social y justicia ecologica, en cultura, etica y religión frente al desafio ecologico*, Montevideo: CIFPE, 1989, pp. 95-114.
_____. *Etica ecologica, em Nuovi Paradigmi*. I, Roma, 1991, pp. 61-73.
VÁRIOS AUTORES. *Cuidando do planeta Terra: uma estratégia para o futuro da vida*, São Paulo: ONU, 1991.
VÁRIOS AUTORES. *Lo politico y lo social de lo ecologico*, em Nueva Sociedad, Caracas, nº 87, 1987.

3. Desafios éticos e ecológicos do mercado mundial

ARAÚJO, M. *Ética e economia*, São Paulo: Ática, 1995.

ARRIGHI, G. *A ilusão do desenvolvimento*, Rio de Janeiro: Vozes, 1997.

ARRUDA, M. *Transformações globais e os desafios da construção da democracia*, Rio de Janeiro: PACS/PRIES/CS, 1993.

ARRUDA, M., BOFF, L. *Globalização e ética*, Rio de Janeiro: Vozes, 1999.

ASSMANN, H., HINKELHAMMERT, J. *A idolatria do mercado*, Rio de Janeiro: Vozes, 1989.

BOFF, L. *Ethos mundial. Um consenso mínimo entre os humanos*, Rio de Janeiro: Editora Sextante, 2003.

_____. *Ética e moral. Em busca dos fundamentos*. Rio de Janeiro: Vozes, 2003.

_____. *A civilização planetária. Desafios à sociedade e ao cristianismo*, Rio de Janeiro: Editora Sextante, 2003.

DREIFUSS, R. A. *Transformações globais: uma visão do hemisfério sul*, Rio de Janeiro: PACS/PRIES/SC, 1991.

FIORI, J.L. *Os moedeiros falsos*, Rio de Janeiro: Vozes, 1997.

HINKELHAMMERT, F.J. *La lógica de la expulsión del mercado capitalista mundial y el proyecto de liberación*, Pasos, San José de Costa Rica, 1992.

_____. *El grito del sujeto*, Costa Rica: DEI, 1998.

HIRST, P., THOMPSON, G. *Globalização em questão*, Rio de Janeiro: Vozes, 1998.

KURZ, R. *O colapso da modernização*, Rio de Janeiro: Paz e Terra, 1995.

LUYCKCX, M. *Religions etiques après prométbée*, Bruxelles: FAST, 1992.

PETRELLA, R. *The globalization of technological innovation*, Bruxelles: FAST, 1990.

RAMONET, I. *Geopolítica do caos*, Rio de Janeiro: Vozes, 1998.

ROBIN, J. *Changer d'ère*, Paris: Seuil, 1989.

TAVARES, M.C., FIORI, J.L. *Poder e dinheiro: uma economia política da globalização*, Petrópolis, RJ: Vozes, 1997.

PARTE 2
NOVA COSMOLOGIA, DEUS E ÉTICA DA VIDA

4. A vida como centralidade ética e ecológica

ATLAN, H. *Entre o cristal e a fumaça: ensaio sobre a organização do ser vivo*, Rio de Janeiro: Zahar, 1992.

BENZ, A. *Die zuknft des universums: zufall, chaos, gott?*, Düsseldorf: Patmos, 1997.
BOFF, L. *Saber cuidar: ética do humano, compaixão pela Terra*, Rio de Janeiro: Vozes, 1999.
BOHR, N. *Física atômica e conhecimento humano.* Rio de Janeiro: Contraponto, 1995.
CAPRA, F. *A teia da vida: uma nova compreensão científica dos sistemas vivos*, São Paulo: Cultrix, 1997.
DAWKINS, R. *O rio que saía do Éden: uma visão darwiniana da vida*, Rio de Janeiro: Rocco, 1996.
DUVE, C. *Poeira vital: a vida como imperativo cósmico*, Rio de Janeiro: Campus, 1997.
LEWIN, R. *Complexidade: a vida no limite do caos*, Rio de Janeiro: Rocco, 1994.
MATURANA, H., VARELA, F. *A árvore da vida: a base biológica do entendimento humano*, São Paulo: Ed. Psy II, 1995.
MONOD, J. *O acaso e a necessidade*, Rio de Janeiro: Vozes, 1976.
MOORMANN, K.H. *Materie-leben-geist*, Mains: Grünewald, 1997.
PRIGOGINE, I., STENGERS, I. *A nova aliança*, Brasília: UnB, 1990.
REEVES, H. et al. *A mais bela história do mundo*, Rio de Janeiro: Vozes, 1998.
ROSNAY, J. *A aventura da vida: o que é? como começou? para onde vai?*, Rio de Janeiro: Vozes, 1992.
STEIGER, A. *Compreender a história da vida: do átomo ao pensamento humano*, São Paulo: Paulus, 1998.
ZOHAR, D. *O ser quântico*, São Paulo: Best Seller, 1991.

5. Nova cosmologia, Deus e espiritualidade

BARBOU, L. *Religion in an age of science*, São Francisco: Harper, 1991.
BERRY, T., SWIMME, B. *The universe story: from the primordial flaring forth to the ecozoic era*, San Francisco: Harper, 1992.
BOFF, L. *Ecologia: grito da Terra, grito dos pobres*, Rio de Janeiro: Editora Sextante, 2004.
_____. *Espiritualidade: um caminho de transformação*, Rio de Janeiro, 2001.
CAPRA, E. *Pertencendo ao universo: explorações nas fronteiras da ciência e da espiritualidade*, São Paulo: Cultrix: Amana, 1993.

CUMMINGS, C. *Eco-spirituality: toward a reverent life*, Mahwah, Nova York: Paulist Press, 1991.
DAVIES, P. *Deus e a nova física*, Lisboa: Edições 70, 1988.
EINSTEIN, A. *Como vejo o mundo*, Rio de Janeiro: Nova Fronteira, 1981.
FOX, M. *Creation spirituality*, San Francisco: Harper, 1991.
_____. *Original blessings*, Santa Fe: Bear & Company, 1983.
GOSWAMI, A. *O universo autoconsciente*, Rio de Janeiro: Rosa dos Tempos, 1998.
GUITTON, J. *Deus e a ciência*, Rio de Janeiro: Nova Fronteira, 1992.
HAWKING, S. *Uma breve história do tempo*, Rio de Janeiro: Rocco, 1998.
HEISENBERG, W. *A parte e o todo*, Rio de Janeiro: Contraponto, 1996.
SWIMME, B. *The hidden heart of the cosmos: humanity and the new story*, New York: Orbis Books, 1996.

PARTE 3
O FUTURO DO CRISTIANISMO

6. O futuro do cristianismo no Brasil: fonte ou espelho?

7. O futuro do cristianismo na América Latina: a nova Roma tropical?

8. A missão do cristianismo no processo de globalização.

PARTE 4
A MORTE COMO INVENÇÃO DA VIDA

9. Morte e ressurreição na nova antropologia

BOFF, L. *A ressurreição do Cristo e nossa ressurreição na morte*, Rio de Janeiro: Vozes, 1972.
_____. *Vida para além da morte*, Rio de Janeiro: Vozes, 1973.
BORDONI, M. *Dimensioni antropologiche della morte*, Roma, 1969.
BOROS, L. *Mysterium mortis*, Olten, 1962.

_____. *Nós somos futuro*, São Paulo, 1971.
COMBLIN, J. *A maior esperança*, Rio de Janeiro: Vozes, 1971.
GLEASON, R.W. *The world to come*, Nova York, 1958.
GONZÁLES RUIZ, J.M. *A caminho de uma desmitologização da alma-separada*, Concilium, pp. 73-85, jan., 1969.
GRESHAKE, G. *Stärker als der tod*, Mainz, 1976.
KÜBLER-ROSS, E. *Sobre a morte e o morrer*, São Paulo: Martins Fontes, 2001.
KÜNG, H. *Ewiges Leben?*, Zurique: Munique, 1982.
MARTELET, R. *Victoire sur la mort: élements d'anthropologie chrétienne*, Paris, 1962.
MOODY, R. *Life after life*, Convington, 1975.
PEÑA R.J. *El hombre y su muerte*, Burgos, 1971.
PIAZZA, P. *Morire oggi: riflessioni e impegno per la vita*, Udine: Zuglino, 1994.
RAHNER, K. *Theologie des todes*, Freiburg I.B., 1958.
TROISFONTAINES, R. *Je ne meurs pas*, Paris, 1960.

OUTRAS OBRAS DO AUTOR

Jesus Cristo libertador. 19ª edição. Rio de Janeiro: Vozes, 1972.
Die Kirche als Sakrament im Horizont der Welterfahrung. Paderborn:Verlag Bonifacius-Druckerei, 1972. (edição esgotada)
A nossa ressurreição na morte. 10ª edição. Rio de Janeiro: Vozes, 1972.
Vida para além da morte. 23ª edição. Rio de Janeiro: Vozes, 1973.
O destino do homem e do mundo. 11ª edição. Rio de Janeiro: Vozes, 1973.
Atualidade da experiência de Deus. Rio de Janeiro: Vozes, 1974 (edição esgotada). Reeditado sob o título Experimentar Deus hoje. 4ª edição. Campinas: Verus, 2002.
Os sacramentos da vida e a vida dos sacramentos. 26ª edição. Rio de Janeiro: Vozes, 1975.
A vida religiosa e a igreja no processo de libertação. 2ª edição. Rio de Janeiro: Vozes/CNBB, 1975. (edição esgotada)
Graça e experiência humana. 6ª edição. Rio de Janeiro: Vozes, 1976.
Teologia do cativeiro e da libertação. Lisboa: Multinova, 1976. Reeditado pela Vozes em 1998 (6ª edição).
Natal: a humanidade e a jovialidade de nosso Deus. 4ª edição. Rio de Janeiro: Vozes, 1976. Edição atualizada em 2000 (7ª edição).
Paixão de Cristo, paixão do mundo. 6ª edição. Rio de Janeiro: Vozes, 1977.
A fé na periferia do mundo. 4ª edição. Rio de Janeiro: Vozes, 1978. (edição esgotada)
Via sacra da justiça. 4ª edição. Rio de Janeiro: Vozes, 1978. (edição esgotada)
O rosto materno de Deus. 10ª edição. Rio de Janeiro: Vozes, 1979.
O Pai-Nosso. A oração da libertação integral. 11ª edição. Rio de Janeiro: Vozes, 1979.
Da libertação. O teológico das libertações sociohistóricas. 4ª edição. Rio de Janeiro: Vozes, 1976. (edição esgotada)
O caminhar da Igreja com os oprimidos. Rio de Janeiro: Codecri, 1980. (edição esgotada). Reeditado pela Vozes em 1998 (2ª edição).
A Ave Maria. O feminino e o Espírito Santo. 8ª edição. Rio de Janeiro: Vozes, 1980.
Libertar para a comunhão e participação. Rio de Janeiro: CRB, 1980. (edição esgotada).
Vida segundo o Espírito. Rio de Janeiro: Vozes, 1981. Reedição modificada pela Verus em 2002, sob o título Crise, oportunidade de crescimento. (3ª edição)
Francisco de Assis – ternura e vigor. 11ª edição. Rio de Janeiro: Vozes, 1981.
Via-sacra da ressurreição. Rio de Janeiro: Vozes, 1982. Reeditado pela Verus em 2003 sob o título Via-sacra para quem quer viver. (2ª edição).
Mestre Eckhart: a mística do ser e do não ter. Rio de Janeiro: Vozes, 1983. Reeditado sob o título O livro da Divina Consolação. (6ª edição).
Do lugar do pobre. 3ª edição. Rio de Janeiro: Vozes, 1984. Reedição revista pela Verus em 2003 sob os títulos Ética e eco-espiritualidade (2ª edição) e Novas formas da Igreja: o futuro de um povo a caminho (2ª edição).

Teologia à escuta do povo. Rio de Janeiro: Vozes, 1984. (edição esgotada)
Como pregar a cruz hoje numa sociedade de crucificados. Rio de Janeiro: Vozes, 1984. Reeditado pela Verus em 2004, sob o título A cruz nossa de cada dia (2ª edição).
Teologia da libertação no debate atual. Rio de Janeiro: Vozes, 1985. (edição esgotada)
Francisco de Assis. Homem do paraíso. 4ª edição. Rio de Janeiro: Vozes, 1985.
A Trindade, a sociedade e a libertação. 5ª edição. Rio de Janeiro: Vozes, 1986.
Como fazer Teologia da Libertação? 9ª edição. Rio de Janeiro: Vozes, 1986.
Die befreiende Botschaft. Herder: Freiburg, 1987.
A Santíssima Trindade é a melhor comunidade. 10ª edição. Rio de Janeiro: Vozes, 1988.
Nova evangelização: a perspectiva dos pobres. Rio de Janeiro: Vozes, 1990. (edição esgotada)
La missión del teólogo en la Iglesia. Verbo Divino: Estella, 1991.
Leonardo Boff. Seleção de textos espirituais. Rio de Janeiro: Vozes, 1991. (edição esgotada)
Leonardo Boff. Seleção de textos militantes. Rio de Janeiro: Vozes, 1991. (edição esgotada)
Con la libertad del Evangelio. Madrid: Nueva Utopia, 1991.
América Latina: da conquista à nova evangelização. São Paulo: Ática, 1992.
Mística e espiritualidade (com frei Betto). 4ª edição. Rio de Janeiro: Rocco, 1994. Reedição revista e ampliada pela Garamond em 2005 (6ª edição).
Nova Era: a emergência da consciência planetária. 2ª edição. São Paulo: Ática, 1994. Reeditado pela Sextante em 2003 sob o título Civilização planetária, desafios a sociedade e ao cristianismo.
Je m'explique. Paris: Desclée de Brower, 1994.
Ecologia – Grito da terra, grito dos pobres. 3ª edição. São Paulo: Ática, 1995. Reeditado pela Sextante em 2004.
Princípio Terra. A volta à Terra como pátria comum. São Paulo: Ática, 1995. (edição esgotada)
(Org.) Igreja: entre norte e sul. São Paulo: Ática, 1995. (edição esgotada)
A Teologia da Libertação: balanços e perspectivas (com José Ramos Regidor e Clodóvis Boff). São Paulo, Ática, 1996. (edição esgotada)
Brasa sob cinzas. 5ª edição. Rio de Janeiro: Record, 1996.
A águia e a galinha: uma metáfora da condição humana. 46ª edição. Rio de Janeiro: Vozes, 1997.
Espírito na saúde. (com Jean-Yves Leloup, PierreWeil e Roberto Crema). 7ª edição. Rio de Janeiro: Vozes, 1997.
Os terapeutas do deserto. De Filon de Alexandria e Francisco de Assis a Graf Dürckheim (com Jean-Yves Leloup). 11ª edição. Rio de Janeiro: Vozes, 1997.
O despertar da águia: o dia-bólico e o sim-bólico na construção da realidade. 20ª edição. Rio de Janeiro: Vozes, 1998.
Das Prinzip Mitgefühl.Texte für eine bessere Zukunft, Herder: Freiburg, 1998.
Saber cuidar. Ética do humano – compaixão pela terra. 15ª edição. Rio de Janeiro: Vozes, 1999.
A oração de São Francisco: uma mensagem de paz para o mundo atual. 9ª edição. Rio de Janeiro: Sextante, 1999. Reeditado pela Vozes em 2009.
Depois de 500 anos: que Brasil queremos. 3ª edição. Rio de Janeiro: Vozes, 2000. (edição esgotada)
Voz do arco-íris. 2ª edição. Brasília: Letraviva, 2000. Reeditado pela Sextante em 2004.
Tempo de transcendência. O ser humano como um projeto infinito. 4ª edição. Rio de Janeiro: Sextante, 2000. (edição esgotada)

Espiritualidade. Um caminho de transformação. 3ª edição. Rio de Janeiro: Sextante, 2001.
Princípio de compaixão e cuidado (em colaboração com Werner Müller). 3ª edição. Rio de Janeiro: Vozes, 2001.
Globalização: desafios socioeconômicos, éticos e educativos. 3ª edição. Rio de Janeiro: Vozes, 2001.
O casamento entre o céu e a terra. Contos dos povos indígenas do Brasil. Rio de Janeiro: Salamandra, 2001.
Fundamentalismo: a globalização e o futuro da humanidade. Rio de Janeiro: Sextante, 2002. (edição esgotada)
Feminino e masculino: uma nova consciência para o encontro das diferenças (com Rose Marie Muraro). 5ª edição. Rio de Janeiro: Sextante, 2002. (edição esgotada)
Do iceberg à Arca de Noé: o nascimento de uma ética planetária. 2ª edição. Rio de Janeiro: Garamond, 2002.
Terra América: imagens (com Marco Antonio Miranda). Rio de Janeiro: Sextante, 2003. (edição esgotada)
Ética e moral: a busca dos fundamentos. 4ª edição. Rio de Janeiro: Vozes, 2003.
O Senhor é meu pastor: consolo divino para o desamparo humano. 3ª edição. Rio de Janeiro: Sextante, 2004. Reeditado pela Vozes em 2009.
Ética e eco-espiritualidade. 2ª edição. São Paulo: Verus, 2004. (edição revista de Do lugar do pobre e E a Igreja se fez povo, Vozes, 1984 e 1986, respectivamente)
Novas formas da Igreja: o futuro de um povo a caminho. 2ª edição. São Paulo: Verus, 2004. (edição revista de Do lugar do pobre e E a Igreja se fez povo, Vozes, 1984 e 1986, respectivamente)
Responder florindo. Rio de Janeiro: Garamond, 2004.
Igreja, carisma e poder. Rio de Janeiro: Record, 2005.
São José: a personificação do Pai. 2ª edição. Campinas: Verus, 2005.
Virtudes para um outro mundo possível vol. I – Hospitalidade: direito e dever de todos. Rio de Janeiro: Vozes, 2005.
Virtudes para um outro mundo possível vol. II – Convivência, respeito e tolerância. Rio de Janeiro: Vozes, 2006.
Virtudes para um outro mundo possível vol. III – Comer e beber juntos e viver em paz. Rio de Janeiro: Vozes, 2006.
A força da ternura. Pensamentos para um mundo igualitário, solidário, pleno e amoroso. 3ªedição. Rio de Janeiro: Sextante, 2006.
Ovo da esperança: o sentido da festa da Páscoa. Rio de Janeiro: Mar de Ideias, 2007.
Masculino, feminino: experiências vividas (com Lucia Ribeiro). Rio de Janeiro: Record, 2007.
Sol da esperança. Natal: histórias, poesias e símbolos. Rio de Janeiro: Mar de Ideias, 2007.
Eclesiogênese. A reinvenção da Igreja. Rio de Janeiro: Record, 2008.
Ecologia, mundialização e espiritualidade. Rio de Janeiro: Record, 2008.
Evangelho do Cristo Cósmico. Rio de Janeiro: Record, 2008.
Homem: satã ou anjo bom. Rio de Janeiro: Record, 2008.
Mundo eucalipto (com José Roberto Scolforo). Rio de Janeiro: Mar de Ideias, 2008.
Ethos mundial. Rio de Janeiro: Record, 2009.
Ética da vida. Rio de Janeiro: Record, 2009.
Opção Terra. Rio de Janeiro: Record, 2009.

Este livro foi composto na tipologia Rotis Serif,
em corpo 11/15,6, e impresso em papel off-white 80g/m²
pelo Sistema Cameron da Distribuidora Record
de Serviços de Imprensa S. A.